VOYAGE
DE LONDRES
A GÊNES.

TOME QUATRIEME.

VOYAGE
DE LONDRES
A GENES,

Passant par l'Angleterre, la
Portugal, l'Espagne, et
la France.

Par JOSEPH BARETTI,

Traduit de l'Anglois, sur la seconde
édition, revûe, corrigée
& augmentée par l'Auteur.

Enrichi de Figures en taille-douce,
dans ce quatrieme Volume.

TOME QUATRIEME.

A AMSTERDAM,
Chez MARC-MICHEL REY.

M. DCC. LXXVI.

VOYAGE
DE
LONDRES
À
GÊNES.

LETTRE LXX.

Déserts point effrayants. Un nota benè & une digression. Beaux visages en Biscaïe, Grandes coquettes. Science, des Langues chez les femmes. Landes de Bordeaux. Pays de Bigorre, Filles Gasconnes, & filles Basques. Les Biscaïens point mendians, & pourquoi. Il y en a plusieurs à Madrid. Ils se retirent dans leur pays. Il n'en est pas de même des gens aisés d'Ecosse & de Savoye. Les maisons ont de l'apparence en Biscaïe. Dialectes des Basques. Ouvrages de Laramendi. Bibliotheque Basque assez ché-

Tome IV.   A

tive. Marchand Irlandois à Bilbao. Montagnes effrayantes, Sagesse des mules. Ville d'Ordunna, Penna d'ordunna, & riviere d'ordunna. Manufactures de fer. Chacolin de Serranos. Outil semblable à un H & son usage. Linu, bled de turquie, lait & fromage de chevres. Bêtes à corne petites, peu de moutons, excellent porc. Arbres plantés annuellement. Angullas. Belles situations d'Ordunna & de Bilbao. Inconveniens en Espagne. Point de nouveaux Edits. Point de nouvelles Loix. Point de receveurs d'impôts. Arrivée d'un chanteur Italien. Jeux de mots des Capucins Espagnols.

Fraga, 24 Octobre 1760.

Nous avons traversé hier un petit désert, & aujourd'hui un second. Mais n'allez pas vous imaginer qu'un désert Espagnol ait quelque chose d'effrayant, comme ceux de Libie, remplis de tigres & de lions, d'hiennes & de serpents. Les déserts de ce pays ne sont autre chose que des espaces de terre, formés ordinairement d'une espece de gravier compacte, ne produisant que du romarin, du thin, de la sauge, de la rue, de l'aspic, & d'autres plantes odoriférantes, en si grande quantité, qu'elles suffisent pour chauffer les habitans. Vous croyez bien, qu'en voyageant à travers pareilles terres, surtout après une pluye peu abondante, comme il m'est arrivé ce matin, la route ne sauroit qu'être très-agréable, à cause de la bonne odeur qui s'exhale de tous les côtés.

Ayant traversé les deux petits villages de *Pénalba*, & de *Candasmos*, nous nous sommes arrêtés pour diner à la *Venta de Fraga*, distante d'environ cinq lieues de *Bujalaroz*. Ensuite nous sommes venus souper & coucher à *Fraga* (1) qui est éloigné de deux lieues de la *Venta*. Les deux dernieres lieues ont été dans un pays boisé & cultivé, à cause de la riviere

---

(1) *Fraga* est une ville ancienne, qui sous l'Empire des Romains avoit nom *Flavia Gallica*, d'où par corruption est venu celui qu'elle porte aujourd'hui. Elle est aux frontieres de la Catalogne à trois lieues de Lérida, sur une hauteur, à la rive gauche de la Cinca. Cette ville est assez forte par sa situation. Il s'y donna une bataille en 1134. Ce fut au siege de cette ville que Alphonse. VII Roi d'Arragon & de Castille fut tué.

A 2

Cinque ou *Cinca*, qui se divise à droite & à gauche en plusieurs branches.

L'agrément de la route a été encore augmenté par la conversation de mon ami le Chanoine, dont la compagnie me devient à tout moment plus chere. Comme il m'avoit parlé hier de la *Principauté* ou *Seigneurie* de *Biscaye*, & avoit promis de me dire quelques particularités de la langue, & du caractere de ses habitans, je le lui ai rappellé. Ce que vous allez lire est la substance de ce qu'il m'a dit à ce sujet.

NB. *Quelques années après que ces lettres ont été écrites (comme je le dis ailleurs). J'ai été une seconde fois à Madrid, & je passai, pour m'y rendre, par la Biscaye, & la Navarre. Il ne me fut pas possible d'y faire un long séjour: j'examinai cependant avec attention tous les endroits qui se trouverent sur ma route, & m'informai du langage & des mœurs des habitans avec autant d'exactitude, qu'un voyage lent, fait à pas de mule, put me le permettre, m'arrêtant un jour dans un lieu, & un second dans un autre, partout où je crus que ce petit retard me mettroit à même de m'instruire de particularités dignes d'être rapportées. En con-*

séquence mes lecteurs voudront bien me permettre de fondre la rélation du Chanoine de Siguenza avec mes propres remarques, & se contenter des détails qu'il va lire.

DIGRESSION.

,, Les habitans de la *Biscaye* & du
,, Royaume de Navarre sont en général
,, aussi bien faits qu'aucuns de ceux des
,, petites nations qui habitent nos Apenins: à l'exception que je n'y ai point
,, vu un si grand nombre de jolies femmes; ici presque chaque *posada* présentoit au moins un visage agréable; je
,, n'ai pas encore pu oublier trois sœurs
,, d'*Ortez* (petite ville distante d'environ
,, quatre lieues de Pampelune) qui me
,, parurent valoir chacune un Royaume.
,, C'est néanmoins dommage, que les
,, femmes dans toute la Biscaye aient la
,, réputation d'être les plus franches coquettes de l'univers. Outre mes propres observations sur leur caractere en
,, général, leurs maris même n'ont pas
,, craint de m'avertir dans la chaleur de
,, la conversation, que la plûpart des
,, femmes de la province, vous lanceront
,, des œillades, vous parleront à l'oreille,

„ fouriront & vous flatteront, vous con-
„ doieront à la dérobée, & vous serre-
„ ront la main, pour s'attirer, s'il est
„ possible, un présent de votre part; sans
„ avoir envie de vous rien donner en
„ retour. Tant les femmes que les fil-
„ les cherchent ainsi à attraper les vo-
„ yageurs.
„ Plusieurs filles Biscayennes, du peu-
„ ple, vont dans leur première jeunesse
„ servir dans les provinces voisines, où
„ leur habillement & leur maniere de se
„ coeffer tout à fait singuliere, les fait
„ reconnoître au premier coup d'œil. Il
„ y en a un grand nombre à Bayonne,
„ & dans tout le pays de *Bigorre* (2).
„ Je ne saurois m'empêcher de dire,
„ que dans une hôtellerie à *Bayonne*, où
„ je séjournai trois à quatre jours je
„ trouvai deux Biscayennes, qui outre

---

(2) Les François nomment *pays de Bigorre*, un espace, situé entre les *Landes* de Bordeaux & les Pyrenées.
Les Landes de Bordeaux se divisent en *grandes* & en *petites Landes*. Les *grandes* s'étendent presque de Bordeaux jusqu'à Bayonne d'un côté, & les *petites* d'un autre, aussi entre ces deux villes. Mais les *grandes* & les
petites sont des districts sablonneux à peine habités. Les
petites sont cependant moins stériles que les *grandes*.

,, leur langue maternelle, parloient en-
,, core très-bien François, & Espagnol,
,, ainsi que le dialecte gascon dont on
,, fait usage dans cette ville, & qui
,, est répandu dans toute l'étendue des
,, *Landes de Bordeaux*, & dans tout le
,, *pays de Bigorre*. La nécessité, qui o-
,, blige les femmes de Biscaye à appren-
,, dre plusieurs langues, ne nuit en au-
,, cune façon à leurs charmes; on ne
,, peut en apprendre une nouvelle, sans
,, acquérir de nouvelles idées, & plus
,, une femme aura d'idées, plus elle sera
,, aimable. Mais les Biscayennes tour-
,, nent toutes leurs facultés naturelles
,, & acquises du côté de la coquetterie,
,, plus elles savent qu'elles sont aimables,
,, plus elles exigent de ceux qui recher-
,, chent leurs conversations; elles cher-
,, chent toujours à vous attirer, à vous
,, donner des espérances, & à ne jamais
,, les réaliser.
,, C'est une coutume générale dans tou-
,, tes les parties méridionales de la Fran-
,, ce, d'avoir des servantes dans les hotel-
,, leries ainsi que chez les particuliers,
,, & c'est cette coutume qui attire dans
,, les différentes parties de la *Gascogne* &
,, de la *Guyenne*, une quantité de Bis-

„ cayennes, qui font toujours fures dans
„ l'une & l'autre de ces provinces,
„ d'être préférées aux domestiques du
„ pays. Les servantes *Gasconnes* sont
„ généralement petites & ramassées, avec
„ des faces larges, brunes & peu spiri-
„ tuelles, tandis que les *Basques* sont
„ presque toutes de belle taille, bien
„ faites, avec de grand yeux noirs, un
„ beau tein, & une vivacité qui est at-
„ trayante. Les manieres des Gasconnes
„ sont grossieres & impudentes; elles ne
„ se font aucun scrupule de s'abandonner,
„ sans aucune pudeur, à ceux qui ont la
„ moindre envie d'elles pour la somme
„ la plus modique, les *Basquoises* sont au
„ contraire rusées & scrupuleuses, & s'en
„ tiennent aux cajoleries & aux simples
„ caresses; n'ayant d'autre but que d'a-
„ masser quelques centaines de livres pour
„ retourner dans leur pays & s'y établir.
„ Je dois pourtant dire que les servantes
„ Basques, qui frequentent le plus le
„ côté François des pyrenées, sont pour
„ la majeure partie nées dans le district
„ de Biscaye qui depend de ce Royau-
„ me. Une jeune fille de la Biscaye Es-
„ gnole n'est point appellée *Basquoise*
„ par les François; mais *Biscayenne* ou de
la

„ la *Biscaye*; celles-ci préférent de servir
„ dans la *Navarre* & la *Vieille Castille* à
„ aucune partie de la *Guyenne* ou de la
„ *Gascogne*.

„ Quand aux hommes, on dit assez
„ ordinairement en Espagne, aussi bien
„ qu'en France, qu'ils aiment mieux vo-
„ ler que mendier, ce n'est pas qu'ils
„ soient plus voleurs que d'autres ; mais
„ c'est qu'ils auroient honte de mendier.
„ Il ont une tradition en Biscaye, & dans
„ les autres provinces où l'on parle Bis-
„ cayen, qu'un de leurs anciens Rois les
„ créa tous *Gentilhommes*, c'est la raison
„ pourquoi aucun *Biscayen*, & aucun ha-
„ bitant de la province de *Guipuscoa* ou
„ *d'Alavan* ne veut se dégrader jusqu'à
„ demander l'aumône (3). Il n'en est pas

---

(3) Les Biscayens ont été de tout temps en réputation de bravoure & de courage ; toutes les fois que l'Espagne a changé de maîtres, ils ont toujours été subjugués les derniers, & comme les Romains eurent toutes les peines du monde à les réduire, aussi les Sueves & les Goths, qui vinrent après eux, eurent la même peine à les leur enlever. Les anciens Biscayens ne connoissoient point d'autre plaisir que celui de porter les armes, & ils haïssoient tellement le repos que quand la vieillesse commençoit à glacer leur sang, ils prévenoient ce malheur

« tout à fait de même des Navarrois ; on
« en rencontre plusieurs dans ce Royau-
« me, des deux sexes, qui ne craignent
« pas de mendier ; & qui vous atten-
« dent dans les grands chemins, vous
« présentant des crucifix & des saints de
« bois, qu'ils voudroient fort vous enga-
« ger à baiser, ainsi qu'il est d'usage dans

en se précipitant de quelque rocher. Aujourd'hui ils
sont à peu près les mêmes, actifs, prompts, vigilants,
bons soldats, & surtout bons hommes de mer.

L'histoire nous apprend que, deux cents ans avant
Jésus-Christ, ils voguoient sur l'océan avec des bateaux
faits d'un tronc d'arbre creusé & couverts de cuir, &
qu'avec une flotte ainsi composée, ils s'en allerent en
Hybernie, aujourd'hui l'Irlande, & s'en emparerent.

Ils grimpent sur leurs rochers avec autant de vitesse &
d'habileté que feroit un cerf. Ils ne sont pas à beaucoup près aussi flegmatiques que les autres Espagnols, ils
sont plus vifs, plus animés, & conséquemment plus
emportés. Ils ont l'humeur plus franche, plus ouverte,
& sont d'un commerce plus commode. Les femmes &
les filles y sont grandes pour l'ordinaire, robustes,
bien faites, & passablement belles. Ces avantages dont
la nature a doués les Biscayens ont fait que les Rois
d'Espagne les ont toujours beaucoup considérés, & leur
ont laissé, moitié de gré, moitié de force plusieurs pri-
viléges & immunités dont les habitans de ce pays sont
très-jaloux.

„ différentes provinces d'Espagne, sur
„ tout dans celle d'Estramadoure.

„ On m'a assuré que proportionnelle-
„ ment à l'entendue de ce pays, il y a
„ à Madrid plus de Biscayens, que d'habi-
„ tans d'aucune autre province de la
„ Monarchie, & qu'aucun n'y vient
„ chercher de l'emploi envain: outre qu'à
„ Madrid, on est généralement dans l'i-
„ dée, que les gens de ce pays sont plus
„ habiles & plus actifs que les autres Es-
„ pagnols: dès qu'ils se rencontrent chez
„ l'étranger, ils se soutiennent constam-
„ ment les uns les autres, & contribuent
„ de toutes leurs forces à leur avance-
„ ment mutuel par une espéce de confé-
„ dération tacite. On prétend qu'en An-
„ gleterre, il en est à peu près de même
„ des Ecossois, & je sais par expérience
„ qu'en Piémont les Savoyards se tien-
„ nent fortement liés les uns aux autres;
„ mais dès que les Biscayens ont acquis
„ quelque espece de fortune à Madrid,
„ ils partent, & se retirent dans leurs
„ cheres Montagnes, où ils se bâtissent
„ de bonnes maisons, & passent heureu-
„ sement & tranquillement le reste de
„ leurs jours, tandis que les Savoyards
„ une fois établis en Piémont, ne pen-

„ sent plus au côté Occidental du mont-
„ Cenis, à moins qu'ils ne soient croche-
„ teurs, ramoneurs, ou qu'ils ne mon-
„ trent la marmotte: les Ecossois leur
„ ressemblent assez: lorsqu'ils ont une fois
„ pris racine quelque part, surtout en
„ Angleterre ils entreprendront tout ce
„ qu'on voudra plutôt que de retourner
„ chez eux. C'est du moins ce que tout
„ Anglois vous assurera dès que vous
„ viendrez à parler de cette nation ; &
„ le nombre d'Ecossois que l'on rencon-
„ tre dans toute l'Angleterre ne dément
„ point cette assertion. Mais les Anglois
„ & les Piémontois font mutuellement
„ honneur, sans le vouloir, aux Ecossois
„ & aux Savoyards, en leur reprochant
„ qu'hors de leur patrie ils se soutiennent
„ les uns les autres: au lieu d'un repro-
„ che cela me paroit une louange.
„ Le retour perpétuel des Biscayens
„ dans les lieux de leur naissance, est
„ cause que l'on voit, même sur les mon-
„ tagnes les moins accessibles, une gran-
„ de quantité de maisons bien bâties,
„ avec des vitres aux fenêtres, & avec
„ des volets très-propres peints en jaune
„ ou en verd; spectacle que je n'ai ja-
„ mais eu dans aucune des petites Villes

„ & des villages que j'ai traversés dans
„ les différentes parties de ce vaste
„ Royaume, quoique j'en aie parcouru
„ près de deux mille Milles. Je ne
„ saurois dire quelles sont les especes de
„ commodités qui se trouvent dans l'in-
„ térieur des maisons Biscayennes; parce
„ que je suis entré dans un très-petit
„ nombre; néanmoins leur apparence ex-
„ térieure donnera toujours des préjugés
„ favorables sur l'interieur.

„ La langue *Biscayenne* (4) si l'on
„ doit en croire l'idée que j'ai pu m'en
„ former, doit se diviser au moins en
„ trois dialectes, dont le premier, ou la

(4) Ils ont une langue qui leur est toute particuliére, qui n'a aucun rapport avec les autres langues de l'Europe, ce qui donne lieu de croire qu'elle est fort ancienne. Elle commence à être en usage aux environs de Bayonne en France, & on la parle dans toute la Biscaye au de çà & au delà des pyrenées. Quelques voyageurs ont dit que cette langue est fort pauvre en ce qu'elle a plusieurs mots dont la signification est double, triple, &c. mais cette preuve est très-foible, Car où est la langue, quelqu'abondante qu'elle soit, qu'n'ait plusieurs mots signifiant à la fois diverses choses? On n'a qu'à ouvrir les dictionnaires pour s'en convaincre. D'autres ont jugé plus favorablement de la langue Biscayenne, & ont dit même qu'elle a de la douceur.

„ mere langue doit se nommer le *Biscayen*
„ le second le *Navarrois*, & le troisieme
„ le *Basque*.

„ Le *dialecte Biscayen* ou la langue
„ mere, me paroit être celui que l'on
„ parle dans cette partie de la Biscaye,
„ dont les habitans regardent la ville de
„ de Bilbao, ou plutôt celle d'*Ordunna*
„ comme leur capitale. Ce dialecte, ou
„ langue me paroît se parler dans sa plus
„ grande pureté dans ces deux villes,
„ qui ne sont distantes l'une de l'autre
„ que de six lieues.

„ Le *dialecte Navarois*, est celui que l'on
„ parle dans la meilleure partie du petit
„ Royaume de *Navarre*; & comme *Pam-*
„ *pelune* en est la Capitale, il se parle
„ dans cette ville.

„ Je nomme *dialecte Basque* celui qui
„ se parle dans cette étendue de pays
„ nommée *pays de Basque* par les François
„ auxquels il apartient: ce pays est com-
„ posé de trente trois villages & de leurs
„ territoires, tous sujets de la jurisdiction
„ spirituelle de l'Eveché de *Bayonne*, &
„ comme le plus considérable de ces tren-
„ te-trois Villages est S. *Jean de Luz*, je
„ suppose que l'on y parle le meilleur
„ Basque: les principaux de ce pays resi-

,, dent dans ce village que les François
,, décorent du nom de Ville, pour lui
,, donner une sorte de prééminence sur
,, les autres.
,, Je suis, néanmoins persuadé, que
,, cette division du langage Biscayen en
,, trois dialectes principaux, ou en une
,, mere langue & en deux dialectes, ne sau-
,, roit être regardée comme bien exacte.
,, Il y a encore le langage de *Guipuscoa*
,, & celui d'*Alava*, qui paroissent avoir
,, autant de droit à être appellés dialec-
,, tes, que le *Navarrois* ou le *Basque*,
,, parce que semblables au deux autres, ils
,, s'éloignent beaucoup de la mere langue
,, & ont des irrégularités qui leur sont
,, particulieres dans leurs constructions
,, respectives. Le pere *Laramendi* (dont
,, je parlerai bientôt) divise la langue
,, Biscayenne ainsi que moi en trois dia-
,, lectes: mais avec cette différence essen-
,, tielle, qu'il nomme premier de *Gui-*
,, *puscoa*, le second Biscayen, & le troi-
,, sieme Navarrois, omettant absolument
,, le *Basque* & l'*Alavan*. Mais pourquoi
,, nommer plutôt le principal dialecte,
,, ou la langue mere, *Guipuscoen*, que
,, *Biscayen*, c'est ce que je ne conçois
,, pas. J'ai plusieurs raisons pour soupe-

,, çonner que le bon pere est partial dans
,, sa division, & de croire que, comme il
,, étoit lui-même natif de Guipuscoa, il
,, a pris le parti, quoiqu'il en pût arriver,
,, de donner le poste d'honneur au lan-
,, gage de sa patrie. Il n'auroit cepen-
,, dant pas dû exclure le *Basque* de sa
,, division, puisqu'il est une sous-divi-
,, sion du *Biscayen*, aussi remarquable
,, & aussi distinct pour le moins que le
,, *Navarrois* & peut-être même davanta-
,, ge. Mais pourquoi n'a-t-il pas admis
,, dans sa division le langage usité dans
,, la petite province d'Alava? Il dit lui-
,, même en parlant de ce langage, *qu'il*
,, *participe de tous* les dialectes Biscayens,
,, plus ou moins abrégés, & variés. Si
,, le langage *Alavan* mérite ce caractere,
,, le pere *Laramendi* auroit dû le ranger
,, parmi les dialectes *Biscayens*.

,, Il importe pourtant très-peu, que
,, nous adoptions la division de *Laramen-*
,, *di*, la mienne, ou toute autre, la
,, langue Biscayenne n'étant peut-être
,, pas actuellement connue de dix person-
,, nes nées hors du triangle mentionné
,, dans la lettre précédente. Il est vrai
,, que les Biscayens, les Navarrois, les
,, habitans de Guipuscoa, ceux d'Ala-

,, va, & les Basques, font usage de
,, leurs différens dialectes dans leur com-
,, merce épistolaire : mais aucun homme
,, à talens & savant n'a jamais écrit en
,, Biscayen, en prose ou en vers, si l'on
,, en excepte quelques gens du pays en
,, petit nombre, à en juger par les li-
,, vres qui existent dans ce langage. J'ai
,, cherché soigneusement ces livres par
,, tout où j'ai cru pouvoir en trouver ;
,, mais ce que j'en ai receuilli après toutes
,, mes peines, a été si peu considérable
,, qu'à peine vaut-il la peine d'en parler.
,, Cependant, pour satisfaire la curiosité
,, de ceux qui aiment la littérature, je
,, crois pouvoir employer une ou deux
,, pages sur cette matiere.

,, L'ouvrage le plus considérable dans
,, la langue Biscayenne, est sans con-
,, tredit, le *Dictionnaire* in-folio com-
,, pilé par le pere *Laramendi*, Jésuite.
,, Il porte le titre de *Trilingue* parce
,, qu'il contient les mots *Biscayens*, *Cas-*
,, *tillans*, & *Latins*. Comme il n'a ja-
,, mais été réimprimé, il est devenu si
,, rare, que je n'en ai jamais pu décou-
,, vrir un exemplaire, à mon grand re-
,, gret ; car on m'a assuré que sa préface

„ quoiqu'écrite d'un ſtile très-lâche
„ contient des choſes ſavantes & cu-
„ rieuſes.

„ Après ce Dictionnaire vient la
„ Grammaire, compoſée par le même
„ auteur, & bizarement intitulée *L'im-
„ poſſible vaincu*. Dans cette Grammaire
„ le Biſcayen eſt expliqué en *Caſtilan*:
„ on m'a dit qu'il y en avoit pluſieurs
„ éditions. J'ai celle qui a été impri-
„ mée à Salamanque en 1729. je l'ai
„ examinée pluſieurs fois; mais juſqu'à
„ préſent aſſez inutilement. Dans le
„ *prologue* ou préface, il eſt dit, que le
„ *Biſcayen eſt une langue qui a peu de reſ-*
„ *ſemblance avec les autres*. Mon Lecteur
„ ajoutera aiſément foi à cette aſſer-
„ tion, quand je lui apprendrai, qu'on dit
„ par exemple en Eſpagnol, que le pain
„ eſt bon *para el que lo come, pour celui*
„ *qui le mange &c.*; & qu'on rend cette
„ phraſe en Biſcayen par ce ſeul mot.
„ *Jatendui Narentzat*. Mais, quoique
„ ce ne ſoit qu'un ſeul mot, dit le pere
„ *Laramendi* nous devons le regarder
„ comme un compoſé de pluſieurs ; *j'aten*
„ eſt là pour le verbe *comer* (manger) *dui*
„ pour l'accuſatif *lo en* ou *end* pour le

„ pronom relatif *que*, & *arentzat* pour
„ le pronom *a qu'el* suivi de l'article
„ *para*.

„ Cet exemple pourra peut-être don-
„ ner une idée de la difficulté qu'il y
„ auroit à apprendre cette Langue. Mais
„ quelque facile qu'elle pût être, il feroit
„ difficile d'y faire de grands progrès en
„ l'étudiant ailleurs que dans le pays où
„ on la parle; car outre le Dictionnaire
„ & la Grammaire de *Laramendi*, le
„ nombre des livres imprimés en *Bifca-*
„ *yen* est ainsi que je l'ai déjà dit très-peu
„ confidérable. Onze petits volumes de
„ *Difcours fpirituels*, & *de Méditations*
„ *pieufes*, une traduction *de l'Imitation de*
„ *Jéfus-Chrift d'Akempis*, une feconde
„ traduction *du Combat fpirituel de Scu-*
„ *poli*, un *Cathéchifme* très-abrégé, en-
„ viron une demie douzaine de *Recueils*
„ *de prieres* en profe, & de *Chanfons*
„ *fpirituelles* en vers, font à-peu-près
„ les feuls ouvrages imprimés que l'on
„ puiffe trouver dans cette langue. Je
„ laiffe à juger à mes lecteurs, s'il feroit
„ poffible de l'apprendre hors du pays
„ par le moyen de ces foibles fecours:
„ fuppofé même qu'ils fuffent fuffifans,
„ en vaudroit-elle la peine?

„ Je me souviens, d'avoir une fois lu
„ dans un journal littéraire Anglois, une
„ rélation d'un prêtre Irlandois, qui tra-
„ versant la Biscaye, se faisoit entendre
„ par le moyen de l'Irlandois, & compre-
„ noit à son tour le *Biscayen*. Pour met-
„ tre le lecteur en état de décider si l'au-
„ teur de cette relation a cherché à en
„ imposer ou non, je vais lui mettre
„ devant les yeux la traduction *Biscayen-*
„ *ne* & *Irlandoise* du *Pater-noster*. Je
„ la divise par versets, afin que l'on
„ puisse en juger plus facilement par la
„ vue, & juger par soi même, s'il y a
„ réellement quelque affinité entre les
„ deux langues.

I.

Pater-noster qui es in Cælis, sanctificetur nomen tuum.

EN BISCAYEN.

Gure aita cervetant zarena erabil be-bedi sain duqui zure icena.

LONDRES A GÊNES.

EN IRLANDOIS.

Ar Nahir ata eve ne ave guhe nearfiarthanem.

II.

Adveniat regnum tuum.

EN BISCAYEN.

Ethor bedi zure erresuma.

EN IRLANDOIS.

Gudhaga de riaught.

III.

Fiat voluntas tua, ficut in cœlo & in terra.

EN BISCAYEN.

Eguin bedi zure borondatea ceruam bezala lurream ere.

22 VOYAGE DE

EN IRLANDOIS.

Gunaium de heil ar dallugh marrchainter ere neave.

IV.

Panem nostrum quotidianum da nobis hodie.

EN BISCAYEN.

Iguzu egon gure eguneco og nia.

EN IRLANDOIS.

Thourdune nughe ar naran leahule.

V.

Et dimitte nobis debita nostra.

EN BISCAYEN.

Eta barkhua detragutzu gure corrac.

LONDRES A GÊNES.

EN IRLANDOIS.

Moreghune are Veigha.

VI.

Sicut & nos dimittimus debitoribus nostris.

EN BISCAYEN.

Gucgure gana zordun direnei bark-
hatcem derutzegun bezala.

EN IRLANDOIS.

Marvoughimon yare vieghuna fane.

VII.

Et ne nos inducas in tentationem.

EN BISCAYEN.

Eta ezgaitzatzula utz tentamen dutan
ero cera.

VOYAGE DE

EN IRLANDOIS.

Na leaghshine a caghuc.

VIII.

Sed libera nos a malo Amen.

EN BISCAYEN.

Aitcitie beguira gaitzatu gaicetic. Halabiz. (5)

(5) Voici encore l'Oraison Dominicale en Biscayen, un peu différente de celle que l'on vient de lire, soit qu'elle soit d'un dialecte différent, soit que la langue ait changé depuis le temps où cette derniere a été imprimée. (en 1741).

   Gure Aita ceruëtan aicena
   Sanctifica bedi hice icena
   Ethor bedi hire resuma
Eguin bedi hire vorondatea ceruan becala lurrean ere gure eguneco oguia iguc egun
Eta quitta ietzaguc gure corrac, nota gucere cordunei quittazen baitravegu
Eta ezgaitzala sar eraci tentationetan baina delura gaitzac gaichtotic
Ecen hirea duc resuma eta puissanca eta gloria seculacotz. Amen.

EN IRLANDOIS.

Agh cere shen onululkt baigh marſon a hearna. Amen.

,, À la fin de ſa Grammaire, le Pere Laramendi donne quelques morceaux de poëſie *Biſcayenne*, pour ſervir d'exemples, qui lui paroiſſent ſublimes: je ne ſuis pas dans le cas de le contredire, & je dois l'en croire ſur ſa parole; cependant ſa traduction Eſpagnole ne donne pas une grande idée de l'original. Je m'appercois par les dernieres ſillabes des vers Biſcayens, que les poëtes de cette nation font uſage d'*aſſonancias* auſſi bien que de *rimes* dans leur verſification. Je ne ſcaurois décider lequel des deux produit un meilleur effet: il eſt cependant aſſez vraiſemblable que les *aſſonancias* ont été adoptées par les Biſcayens à l'imitation des Eſpagnols.

,, J'ai écouté attentivement, tant en Biſcaye que dans le Royaume de Navarre, les chanſons ainſi que les diſcours journaliers du peuple, & le ſon des deux dialectes m'a paru tout auſſi harmonieux que celui du Caſtillan &

„ du Toscan. Les Navarrois ainsi que
„ les Biscayens prononcent très-distinc-
„ tement toutes les lettres, & marquent
„ si parfaitement la cadence de chacune
„ lorsqu'ils recitent des vers, qu'ils la ren-
„ dent sensible à ceux mêmes qui n'en-
„ tendent pas leur langue. Cependant
„ M. *Jean Farrel*, Marchand Irlandois
„ un peu avancé en âge, qui a habité la
„ Biscaye depuis son enfance, & avec
„ lequel j'ai fait la route de *Bilbao* à S^t.
„ *Sébastien*, m'a dit que le Biscayen étoit
„ une langue rude, dont les expressions
„ quoique claires & sonores à l'oreille
„ étoient désagréables. Malgré tout ce
„ que le Pere *Laramendi* a pu dire à la
„ louange de son élégance dans les pré-
„ faces de son *Dictionnaire* & de *sa Gram-
„ maire*, l'assertion de M. *Farrel* me
„ paroit s'accorder assez avec le bon
„ sens: car une langue qui n'est point
„ cultivée par une certaine quantité de
„ bons écrivains, ne doit certainement
„ point avoir fait des progrès bien con-
„ sidérables du côté de la politesse & de
„ l'élégance.

„ Quand au pays où l'on parle cette
„ langue, il est par tout montueux,
„ étant situé précisément au centre des

„ Pyrenées: je fus obligé de monter & de
„ descendre plusieurs montagnes très-
„ effrayantes, tant en Biscaye que dans
„ la Navarre. Quelques unes de leurs
„ cimes m'ont parues tout aussi élevées
„ que notre mont Cenis, principalement
„ une située entre *Berroëta*, & *Lanz*, à
„ peu-près à égale distance de *Bayonne*
„ & de *Pampelune.* Au sommet, qui
„ est tout a fait plat & uni, pendant en-
„ viron un mille, un vent mêlé de par-
„ ticules de neige glacée, souffloit si
„ furieusement que je crus à tout mo-
„ ment qu'il alloit me jetter par terre
„ moi & ma mule. Il est vrai, qu'étant
„ alors au milieu de Décembre, il n'est
„ pas surprenant que le vent se fît
„ sentir avec tant de violence. Il y a
„ cependant une autre montagne encore
„ plus raboteuse, & de plus difficile ac-
„ cès que la premiere, nommée la *Penna*
„ *vieja* (la vieille montagne.) qui est près
„ de la ville *d'Ordunna.* J'ai descen-
„ du cette *Penna* pendant la nuit, au
„ mois de Fevrier, par un sentier en zig-
„ zag, très-rompu, & couvert de nei-
„ ge. Le sentier étoit bordé de précipi-
„ ces si escarpés pendant la première
„ lieue, qu'ils auroient fait dresser les che-

,, veux à bien des gens : cependant
,, m'abandonnant entierement à ma mu-
,, le, & ne touchant jamais la bride, je
,, descendis très-heureusement. Les mu-
,, les sont très-sures, & marchent pru-
,, demment, elles s'arrêtent, & dressent
,, les oreilles, & examinent attentive-
,, ment le terrain dans les passages dan-
,, gereux: elles ne font pas un pas qu'el-
,, les ne sachent où poser le pied; elles
,, vont tout aussi bien la nuit que le jour.
,, La nature les a douées d'une si excel-
,, lente vue, quelle les guide dans la plus
,, grande obscurité, c'est ce dont j'ai été
,, moi même plusieurs fois témoin, non
,, seulement dans les Pyrenées; mais en-
,, core dans les Alpes & dans l'Appenin.

,, Cependant, malgré leurs cimes éle-
,, vées, & épouvantables, peu de par-
,, ties de l'Espagne (je pourrois dire
,, même de l'Europe entiere) sont aussi
,, bien peuplées que la Biscaye & la Na-
,, varre, proportion gardée : on voit
,, dans les deux provinces les maisons
,, & les cabanes profusément éparses aux
,, environs des lieux les plus élevés, &
,, dans plusieurs vallées, les villages &
,, les hameaux sont peu éloignés & à la
,, portée de la vue les uns des autres.

» J'en ai compté plus de quarante le
» long des bords de la petite riviere d'Or-
» dunna; ainsi appellée d'après la ville
» du même nom, qui, ainsi que je l'ai
» déjà dit, est située au pied de l'épou-
» vantable *Penna vieja*. La riviere *d'Or-*
» *dunna* est formée par plusieurs ruisseaux,
» qui sortent de la *Penna*, & d'autres
» montagnes voisines, & coule le long
» d'une vallée, qui s'étend depuis la ville
» *d'Orduñna* jusqu'à celle de *Bilbao*, for-
» mant un si grand nombre de cascades
» entre ces deux places (qui ne sont
» éloignées que de six lieues l'une de
» de l'autre) qu'elle n'est navigable pour
» aucune espece de batimens.

» Quoique le chemin qui suit le cours
» de cette riviere fût très mauvais en
» plusieurs endroits, je n'en ai jamais vû
» de cette longueur, qui m'ait fait plus
» de plaisir. Chaque pas me présentoit
» une nouvelle perspective d'une beauté
» inexprimable, & ses fréquentes cata-
» ractes charmoient ma vue. Les deux
» rivages paroissent le centre de la fer-
» tilité, & sont en quelque façon cou-
» verts d'habitans, qui ont su tirer parti
» de ce grand nombre de cascades, &
» en ont même formé d'artificielles par

B 3

» le moyen de fortes digues dont ils ont
» coupé le fleuve. On a construit des
» machines à côté de chaque Cascade,
» pour faciliter différentes manufactures,
» sur-tout celles de fer: ce metal abonde
» dans les montagnes voisines.

» Plusieurs de ces montagnes produi-
» sent une espece de vin fort leger, qui
» est le plus agréable que j'aie jamais
» bu, surtout celui d'*Ordunna*, auquel le
» vin de *Serranos* est encore préférable.
» Ce village est très-peu considérable,
» & situé au bord de la mer, à peu près
» à une égale distance de *Bilbao* & de
» *St. Sébastien*. Les gens du pays don-
» nent à ce vin le nom de *Chacolin*, pour
» le distinguer des autres especes. Je
» suis étonné que croissant dans un pays
» d'où il est si facile de l'embarquer,
» on ne le fasse pas tout passer en Angle-
» terre, où celui de *Serranos*, principa-
» lement, seroit aussi goûté que celui
» de *Champagne*, auquel il ressemble
» beaucoup. Il est agréable dans plu-
» sieurs cantons de la Biscaye de voir des
» vignes & des champs, se succéder les
» uns aux autres & occuper le penchant
» de plusieurs côteaux. Comme il n'est

, pas possible de faire usage de bœufs
,, ou de chevaux pour la culture de ces
,, côteaux rapides, les champs ne sont
,, point labourés comme dans les autres
,, pays, mais les hommes & les femmes
,, tournent la terre avec un instrument
,, de fer qui a la figure d'un H. dont les
,, barres latérales ont environ deux pieds
,, de long & sont pointues aux extre-
,, mités d'en bas. On saisit la barre qui
,, traverse la lettre H. des deux mains,
,, on la fait entrer par force quelques
,, pouces de profondeur dans la terre,
,, ensuite on la retire à soi par les ex-
,, trémités d'en haut; c'est de cette ma-
,, niere que la surface de chaque champ
,, est rompue, & remuée.

,, Vous vous imaginez bien que cette
,, methode de culture est très-pénible.
,, J'ai vu des hommes & des femmes
,, à cet ouvrage. Ils se placent plu-
,, sieurs sur une ligne, chacun son ou-
,, til à la main. Ils l'enfoncoient tous
,, à la fois en terre, tous le retiroient en
,, même temps, & tous avançoient gra-
,, duellement vers le côté opposé du
,, champ. Lorsque la terre est ainsi ren-
,, versée, on brise les mottes avec des
,, beches de fer, & on forme les sillons;

„ qui doivent dans leur saison récom-
„ penser les peines & les soins des cul-
„ tivateurs.

„ Quant à leurs vignes, elles ne sont
„ ni plus grosses ni plus hautes que cel-
„ les de Bourgogne & du haut Monfer-
„ rat, je veux dire qu'elles ont à peine
„ trois pieds de haut; chaque sep est
„ attaché avec des osiers à un échalat
„ fiché en terre.

„ Outre le bled & les raisins, les Bis-
„ cayens & les Navarrois ont aussi plu-
„ sieurs champs semés de ce qu'on nom-
„ me en Italie *Lino*, c'est-à-dire une es-
„ pece de chanvre court, qui produit
„ un très-beau fil. Ils ont aussi quan-
„ tité de bled de Turquie, dont ils font
„ du pain. Quand aux fruits, aux légu-
„ mes &c., on en trouve par tout dans la
„ plus grande abondance: les parties les
„ plus élevées & les plus sauvages abon-
„ dent en Chataignes de la meilleure
„ espece. Les Bœufs dans les deux pro-
„ vinces ne sont ni communs, ni bien
„ gros; mais on y trouve une quantité
„ étonnante de chevres: leur lait donne
„ du beurre & du fromage. Je n'y ai
„ pas vu beaucoup de moutons, mais
„ en plusieurs endroits grand nombre

de

„ de cochons, dont la chair est aussi
„ bonne qu'en aucun endroit d'Italie:
„ on les nourrit de glands, & de cha-
„ taignes.

„ Le bois à bruler y est très-commun;
„ les parties élevées des montagnes étant
„ bien fournies d'arbres. Il est libre à
„ chacun d'y couper tout celui dont il
„ a besoin, mais afin d'empêcher qu'il
„ ne devienne jamais rare, les proprié-
„ taires de maison & les hommes faits ont
„ coutume d'aller une fois par année cer-
„ tain jour, tous ensemble, dans les bois
„ nouvellement coupés pour y planter
„ chacun deux jeunes arbres, qu'ils ont
„ eu soin de tirer de la pépiniere de leurs
„ jardins. Lorsque tous ces arbres sont
„ ainsi plantés, ils dansent gayement au-
„ tour d'un grand *pellejo* ou sac de cuir
„ plein de vin; après quoi ils le boivent
„ & s'en retournent chez eux: celui qui
„ a institué cette fête, a certainement
„ été le bienfaiteur de sa patrie.

„ La mer fournit assez de poisson,
„ pour qu'il ne soit pas rare, même à
„ quelques lieues dans l'intérieur des ter-
„ res: à *Bilbao* il s'en trouve une espece
„ nommée *Angullas*, qui est selon mon
„ goût, le morceau le plus délicat que

„ produise l'Océan. Ce poisson est blanc
„ comme du lait, & si petit, qu'on pour-
„ roit facilement en fourrer deux ou trois
„ douzaines à la fois dans la bouche. Les
„ Biscayens le font frire à l'huile, &
„ expriment dessus le jus d'un Citron.
„ Il est si abondant que les plus pauvres
„ peuvent s'en pourvoir facilement & à
„ bon marché. Les pêcheurs qui pê-
„ chent le long de la côte de la riviere
„ d'*Ordunna* au dessous de *Bilbao*, jusqu'à
„ la mer, qui en est éloignée de quatre
„ à cinq milles, parviennent sans peine à
„ remplir leurs bateaux de ces *Angullas*:
„ pendant tout cet espace, la riviere n'a
„ aucune cascade; de sorte quelle y est
„ navigable, & peut recevoir des vais-
„ seaux marchands, qui la remontent jus-
„ qu'au beau pont qui joint *Bilbao* à
„ ses fauxbourgs.
„ Pour pouvoir me procurer quelques
„ informations sur le langage de Bis-
„ caye, je pris le parti de demeurer
„ trois ou quatre jours à *Ordunna* (6) en
„ venant de la vieille Castille, & allant

(6) Cette ville est la seule de la province qui ait titre de cité. Elle est dans une vallée fort agréable, ceinte de toutes parts de hautes montagnes.

„ du côté de France. *D'Ordunna* je suivis
„ le cours de la riviere pendant près de
„ cinq lieues, & je fis à cheval la sixie-
„ me, à travers plusieurs montagnes très-
„ élevées ; mais ornées de verdure, &
„ bien boisées. Je n'ai jamais vu de
„ villes aussi agréablement situées & des
„ montagnes aussi fertiles que celles dont
„ elles sont environnées, une pareille
„ vallée, une eau aussi claire que celle
„ de cette riviere, & un climat aussi
„ doux même au cœur de l'hyver. Je ne
„ reverrai jamais rien de comparable.

„ Bilbao (7) est une ville très-bien
„ bâtie, qui contient plus de vingt mille
„ habitans ; plusieurs de ses Eglises sont
„ bâties en pierres de taille, ainsi que
„ nombre de maisons. Les Citadins ont
„ plus de promenades publiques qu'ils
„ n'en ont besoin, toutes bordées de
„ grands & beaux arbres. Mais la ville
„ d'*Ordunna* n'a rien de bien remarquable,

(7) Bilbao est un séjour très-agréable par les agrémens de sa situation. Le commerce y est fort étendu : c'est un des meilleurs ports que le Roi d'Espagne ait sur l'océan. Il s'y fait un grand commerce de laines. Un Prince de Biscaye, nommé Lopès de Haro, bâtit cette ville en 1300.

„ si ce n'est sa situation pittoresque,
„ quoiqu'elle ait l'honneur, ainsi que je
„ l'ai déjà dit, d'être la capitale de la
„ Province; je n'y ai vu aucunes maisons
„ qui eussent des vitres aux fenêtres, tan-
„ dis qu'à Bilbao elles en ont toutes. La
„ coutume de n'avoir point de vitres
„ aux fenêtres, mais seulement des vo-
„ lets, rend la route, dans plusieurs pro-
„ vinces de la Monarchie Espagnole, très
„ désagréable pour un pauvre voyageur,
„ surtout en hyver, que le vent entre
„ par les fentes & les trous des volets
„ dans sa chambre & rend son sommeil
„ très-pénible; c'est ce que j'ai souvent
„ éprouvé.

„ Ajoutez à cet inconvénient, celui
„ de ne trouver dans quantité de *ventas*
„ & de *posadas* qu'une seule cheminée,
„ située au milieu de ce qu'ils nomment
„ la cuisine; qui est ordinairement une
„ vaste chambre sans fenêtres, avec une
„ ouverture ou trou au haut, à travers
„ de laquelle passe une foible lumiere,
„ & qui donne issue à la fumée, après
„ quelle a aveuglé ceux qui s'y trou-
„ vent; & augmenté la noirceur des mu-
„ railles.

„ Dans ces sombres cuisines, & au-

,, tour de ces cheminées, chaque voya-
,, geur, qui ne veut pas mourir de froid,
,, doit s'asseoir sur un banc, ou une chai-
,, se à trois pieds, fût-il même un Prin-
,, ce, en compagnie du *posadero* & de sa
,, famille, avec tous les muletiers, pay-
,, sans, mendians, ou toute autre per-
,, sonne qu'il rencontre à la posada, pen-
,, dant que les servantes font bouillir le
,, *Pochero* (8) & font frire *l'Abadejo*. Les
,, gens un peu délicats regarderont com-
,, me quelque chose de bien dur, de se
,, voir forcé de prendre place dans un
,, cercle aussi mal composé: quant à moi
,, j'ai toujours regardé ce moment com-
,, me le plus agréable de la journée, étant
,, le seul qui me procurât les occasions,
,, qui auroient été sans cela très-rares,
,, d'entendre des discours, & de remar-
,, quer des caracteres que je n'aurois ja-
,, mais connus hors de ces assemblées.
,, Je caressois les petits garçons, j'em-
,, brassois les petites filles, je touchois
,, la main aux grandes, je donnois à cha-
,, que vieillard le nom de pere, & à

(8) *Pochero*, est un plat de pois chiches, & de fèves, bouillis à l'huile avec des oignons ou de l'ail, & *l'Abadejo* est de la morue fritte à l'huile.

» chaque vieille femme celui de mere,
» je demandois à tous ceux que je voyois
» comment ils s'appelloient, je leur pré-
» sentois à tous du Tabac, & leur don-
» nois à boire du vin de mon *Borracho*.
» De cette façon je les mettois tous de
» bonne humeur; ils étoient contents de
» moi, & me cédoient ordinairement la
» meilleure place auprès du feu, & tou-
» tes les commodités qu'il étoit possible
» de trouver; on ne sauroit voyager en
» Espagne avec quelque espece de satis-
» faction, qu'autant qu'on se sert de pa-
» reille adresse, qu'on parvient à faire
» causer, chanter, ou danser tous ceux
» qu'on rencontre au moment qu'on des-
» cend de voiture, & qu'on s'arrête
» quelque part.

» Je ne dois pas oublier de dire que
» les Biscayens, & les habitans de la
» province de Guipuscoa, ne payent au-
» cune espece d'impôt. La seigneurie,
» qui comprend Guipuscoa, & la Bis-
» caye, est seulement tenue de faire un
» don volontaire au Roi d'Espagne lors-
» qu'il est en guerre. Il y a peu de Na-
» tions en Europe qui aient un pareil
» privilege. On s'imaginera que l'on
» doit passer la vie bien agréablement

,, dans une partie du monde, que la na-
,, ture a pris foin d'embellir comme
,, celle-ci, & où les habitans ne font
,, point journellement tourmentés par de
,, nouvelles Ordonnances, de nouveaux
,, Edits, de nouvelles Loix, & de nou-
,, velles Inventions. L'hiftoire nous ap-
,, prend, que les François ont fouvent
,, envahi cette feigneurie ou principauté
,, (donnez lui le nom que vous voudrez)
,, & taché de s'en rendre maîtres; mais
,, qu'ils ont toujours été bravement re-
,, pouffés par les habitans, fans être fe-
,, courus par les armées Efpagnoles : il
,, n'eft pas étonnant qu'ils combattent
,, vaillamment pour la défenfe de leurs
,, montagnes & de leurs vallées, où ils
,, jouiffent du bonheur de ne jamais voir
,, la face d'aucun maltôtier.

,, Mettons fin à cette digreffion, &
,, recourons à *Fraga*.

Nous étions prêts le chanoine & moi à nous mettre à table pour fouper, lorf-que Baptifte entra, en courant, pour me dire que le fignor *Cornacchini* venoit dans l'inftant de defcendre de chaife, & montoit l'efcalier. Je m'imagine que vous connoiffez *Cornacchini* il a chanté pendant plufieurs hivers à Turin. Je

J'ai vu une fois à Londres, où il avoit été appellé pour chanter à l'opéra. A peine nous connoissions-nous de vue: malgré cela on est toujours charmé de rencontrer en pays étranger des gens dont on a quelque idée. J'ai envoyé Baptiste le prier à soupé. Il a été surpris en apprenant que j'étois là, vû que mon nom ne lui étoit pas tout à fait inconnu; notre connoisance à peine ébauchée n'a pas tardé à se changer en familiarité. Il a passé ces derniers six ans à Madrid, & il s'en retourne actuellement en Italie, chargé de pistoles gagnées dans cette Capitale. Nous sommes déjà convenus de ne nous pas de quitter jusqu'à Gênes. Là nous nous séparerons, il ira à Milan & moi à Turin. Quoique mutilé il ne manque pas de bon sens. Je suis persuadé que nous nous arrangerons fort bien dans la même voiture depuis Barcelonne jusqu'à Gênes. J'espere qu'il voudra bien oublier le haut prix, que les belles Dames ont jusqu'à présent mis à sa jolie voix, & que pendant le voyage il chantera quelquesfois pour rien. Comme il parle couramment Espagnol, & paroit doux & respectueux, mon Chanoine n'a rien témoigné de cette antipatie qui est si générale dans ce pays contre les *Caſtrones Italianos*, *les boucs Italiens*, épithete qu'on donne aux gens de ſon eſpece; de ſorte que notre repas a été très-gai.

Pendant que nous étions encore à table, deux capucins ſont venus nous demander la charité. Que puis-je, leur ais-je dit, vous donner mes bons peres? Vous ne touchez point d'argent, & je ne ſuis point chez moi pour vous faire donner du pain, du vin, ou d'autres proviſions.

Il eſt vrai, m'a répondu le plus âgé des deux, que nous ne touchons point d'argent, mais ſi vous voulez nous en donner, le *poſadero* le recevra pour nous.

Voila un expédient, lui ai-je dit, auquel j'avoue que je n'aurois jamais penſé: mais comment pouvez vous l'accorder avec la principale regle de votre Inſtitut? Le bienheureux St. François ne vous a t-il pas défendu de recevoir de l'argent?

Le bienheureux Saint à repliqué le pere, nous a défendu d'en toucher, & nous lui obéiſſons: mais il ne nous a pas défendu d'avoir des gens qui en reçuſſent pour nous.

Vous avez plus d'esprit, lui ais-je dit, que nos Capucins d'Italie, qui n'ont jamais sçu faire une pareille distinction. Jamais nos Capucins ne reçoivent d'argent eux-mêmes, ni ne deleguent personne pour en recevoir à leur place; permettez moi, mon Reverend Pere, de vous dire, que la façon dont vous expliquez l'ordre de St. François ne me paroit qu'un jeu de mots: s'il vous est permis de faire toucher de l'argent pour votre usage par une personne tierce, ce commandement est puérile, & ridicule. Pensoit-il qu'il y eût du péché à manier une piece d'argent ? Si c'étoit son idée, il avoit certainement tort, puisque Jésus-Christ lui même tint dans sa main la monnoie de César. D'ailleurs, quelle différence St. François pouvoit-il faire entre toucher une piece de bois, ou une piece de toute autre chose ? On ne sauroit supposer que ce Saint ait été assez simple & assez absurde pour s'imaginer que le simple attouchement d'aucune matiere inanimée fût criminelle, ainsi lorsqu'il vous a solemnellement défendu de toucher de l'argent il n'a voulu dire autre chose, sinon que vous vous abstiendriez d'en faire usage; afin que vous fussiez les *pauvres de Christ* dans toute l'étendue du sens de cette expression. Mais en me priant de remettre de l'argent pour vous au *posadero*, vous ne donnez pas une grande preuve de votre déférence aux ordres de votre saint fondateur.

La nécessité n'a point de Loi, m'a répondu le moine, sans se démonter. Si nos Espagnols donnoient aux Capucins tout ce dont ils ont besoin, comme je pense que font les Italiens, nous imiterions probablement les Capucins d'Italie; mais comme ce que nous recevons de nos compatriotes ne suffit pas pour nous empêcher de mourir de faim, nous sommes obligés de demander la charité non-seulement à tous les étrangers que nous rencontrons, mais encore d'envoyer plusieurs membres de notre communauté pour quêter dans les pays voisins. Mais, Monsieur, a-t-il ajouté en souriant, je suis venu ici en vertu des ordres de mon Supérieur, uniquement pour implorer votre charité, & point pour disputer sur les commandemens de St. François. Mon Supérieur m'a interdit toute altercation avec les féculiers; ainfi vous me permettrez d'éviter toute efpece de controverfe.

„ Mais votre Supérieur, lui ais-je dit, vous auroit-il défendu de boire?"

Il nous enjoint feulement la fobriété, m'a dit le pere, & fi vous nous le permettez, nous boirons à vos fantés, & irons enfuite à nos affaires; il n'eft déjà que trop tard, & nous devrions être rentrés au Couvent.

LETTRE LXXI.

Don Diegue encore. Officier Irlandois. Bonnes nouvelles. Régimens Irlandois. Beau pays. Tableau singulier. Chant & danse.

Mollerusa 25 Octobre 1760.

Nous avons fait un effort aujourd'hui : car avons fait une traite de près de dix lieues, de sorte que nous avons rejoint Don Diego Martinez & sa famille, à notre mutuelle satisfaction.

Nous avons laissé ce matin de bonne heure l'Arragon derriere nous, & sommes entrés en Catalogne : (9) comme Fraga

---

(9) La Catalogne étoit beaucoup plus grande autrefois qu'elle ne l'est actuellement : de temps en temps elle a été écornée par les François. Les Comtés de Roussillon & de Conflans en ont été détachés, & cédés à la France par la paix des pyrenées, avec une bonne partie de la Cerdaigne. Le comté de Foix étoit aussi de la dépendance de la Catalogne. Cependant cette province est encore une des plus grandes de l'Espagne, ayant environ 70 lieues du couchant au levant & plus de 80 lieues de

VOYAGE DE

est la derniere ville de ce côté de l'Espagne, & Alcaraz distant) de trois Lieues de Fraga) le premier village de Catalogne, nous avons rafraichi à Alcaraz, & avons ensuite été diner à *Lerida* (10) ville en

côtes sur la méditerrannée. Quelques-uns la divisent en vieille & nouvelle, mais cette division est peu en usage. La Catalogne est le pays des anciens Lalétains, Castellains, Indigetes, Ilergetes: cette belle province est arrosée d'un grand nombre de rivieres, & est très-abondante en tout ce qui est nécessaire à la vie.

(10) Letida, autrefois Ilerda, s'est rendue fameuse au commencement de ce siecle par la vigoureuse resistance qu'elle fit contre les armes du grand Condé, qui l'ayant assiégée dans les formes, fut obligé d'en lever le siege; mais le duc d'Orleans piqué de l'obstination de ses habitans à soutenir le parti de l'Archiduc, l'assiegea en 1707 & la prit enfin, malgré tous les efforts de la ligue qui regardoit cette place comme le boulevart de la Catalogne. Elle est située sur une Colline dont la pente s'étend insensiblement jusqu'au bord de la Segre. Le pays aux environs est très-fertile.

L'an 528 il y eut un concile assemblé dans Létida:

L'an 1238 lorsque Jaques I. Roi d'Arragon assiégeoit Valence. Il declara que ceux d'entre ses Bataillons qui l'emporteroient & y entreroient les premiers, auroient l'honneur de donner les poids, les mesures, & la monnoie de leur ville à ceux de Valence; les habitans de Létida s'y jeterent les premiers & ayant pris la grande recommandation chez les Antiquaires, qui prétendent quelle a été autrefois l'une des places les plus importantes de l'Empire Romain. Actuellement elle est petite & mal bâtie, remarquable seulement par ses fortifications, & par sa citadelle située sur une eminence, qui fut vainement assiégée pendant la longue & sanglante guerre que déclara la couronne d'Espagne à un Prince François.

La garnison de Lérida m'a parue très-nombreuse, ayant été arrêté à la porte par laquelle je suis entré, & ayant été obligé, suivant l'usage observé dans les places de guerre, de rendre compte de ma personne, j'ai été charmé de voir que l'officier, qui m'a fait les questions ordinaires en pareil cas étoit Irlandois ; J'ai conjecturé qu'il étoit de ce pays à sa prononciation, & je lui ai répondu en Anglois à son grand étonnement. Il m'a appris que les Anglois s'étoient rendus maitres de tout le *Canada* dans l'Amérique septentrionale. Cette nouvelle ne sauroit manquer d'intriguer bien des

ville, y envoyerent une colonie qui y établit leurs mesures & leur monnoie, dont on se sert encore aujourd'hui.

gens, & j'espere à mon retour en Angleterre de trouver le prix des Chapeaux de Castor bien diminué. C'est un des avantages que je me promets de cette conquête. Il est certain que les Francois se sont on ne peut pas plus mal conduit pendant cette guerre, eu égard aux forces considérables qu'ils sont en état de mettre sur pied. Mais ils ont eu leurs époques fortunées, & ont été aussi longtemps le premier peuple de l'Europe. Je suis bien aise d'apprendre qu'ils fassent place à une autre nation; & qu'à la fin la roue commence à se mouvoir, & qu'elle fasse le tour avec un nouveau degré de célérité.

L'officier Irlandois, qui m'a questionné à la porte, est attaché à un des trois Regimens de sa Nation au service d'Espagne. Mais quoiqu'ils portent le nom de Régimens Irlandois; il ne sont pas entierement composés de soldats de cette Nation: Tout étranger y est admis, il n'y a que les officiers qui doivent nécessairement être nés en Irlande, ou dans la Grande Bretagne.

Nous ne sommes restés que fort peu de temps à Lérida afin de pouvoir nous rendre ici ce soir, desorte qu'il ne m'a

pas

pas été possible de jetter un coup d'œil sur quelques antiquités romaines presque ruinées, qui s'y trouvent. L'espace que nous avons parcouru depuis *Alcara* jusqu'ici à *Mollerufa*, est un superbe pays, on y rencontre des ruisseaux, & des canaux, qui arrosent les terres en différens sens, & l'on voit partout, ou des champs bien cultivés, ou des vignobles très-étendus, avec des oliviers, des meuriers, des pruniers, des amandiers dans des vergers sans nombre qui n'ont aucune espece de clôtures. Les grenades de cette province sont renommées par toute l'Espagne ainsi que ses figues, & l'on m'a assuré que plus nous nous approcherions de Barcelonne, plus le pays nous paroîtroit beau.

Don Diego, & son épouse grands amateurs l'un & l'autre de musique ont été enchantés de retrouver leur ancienne connoissance *Cornachini* & ont voulu nous avoir tous trois à souper. Lorsque nous avons eu fini de manger, *Cornacchini* a arraché une guitarre des mains d'un drôle qui se trouvoit là, & a accompagné de cet instrument une *Tunadilla* Epagnole qu'il nous a chantée avec beaucoup de goût. Son chant, & le son de sa guitarre a rassemblé dans l'instant autour de lui un groupe de figures, qui ne sauroient être rendues dans un même tableau, qu'autant que le peintre pourroit allier les talens du *Titien* à ceux du *Calot*. Permettez moi d'ébaucher ce dessein avec la plume, puisqu'il ne m'est pas possible de le faire avec le pinceau. Le milieu est occupé par *Cornacchini* dans une attitude languissante, telle que la *Tunadilla* l'exige. A sa droite est le Corregidor, sa femme, & votre frere, qui a Pépina sur ses genoux. A sa gauche est mon gros chanoine, avec deux Augustins qui ne sont pas maigres, & un autre Ecclésiastique. Ensuite on voit répandus dans le reste de la chambre la gouvernante de Pepina, les gens du Corrégidor, mon vigoureux Baptiste, le rustre domestique du chanoine, le posadero avec sa femme & ses enfans; une demie douzaine de calesseros avec leurs sandales de cordes, & une bonne moitié des habitans de Mollerusa, quelques uns en guenilles, d'autres à pieds nuds, tous dans un profond silence, tous regardant *Cornacchini*, tous lui prêtant une oreille attentive, comme les Carthaginois firent autrefois au discours d'Enée lorsqu'il racontoit sa triste

LONDRES A GÊNES. 51

aventure à la veuve de Sichée. Mais vous avez trop de pénétration pour qu'il faille vous dire qu'une danse très-vive, a été la suite necessaire des chansons de *Cornacchini*, sur ma parole, nous avons passé très-gaiement la meilleure partie de la nuit, & nous ne nous sommes séparés qu'à une heure après minuit; quoique nous fussions convenus à soupé, que nous partirions tous ensemble à quatre heures, c'est-à-dire, si j'en juge par ma montre qui est sur deux, dans deux heures. Je vais finir d'écrire & me jeter sur un lit, sans me deshabiller afin d'être prêt lorsque les Calesseros m'appelleront.

LETTRE LXXII.

Trop de puces. Adieu seigneur Don Diego. Visite faite à une Université. Mœurs & habillement de ses étudians. Belle route, & bonne Venta. Point de tête cassée.

Venta del violin 26 Octobre 1760.

JE me suis jetté ainsi que je vous en ai prevenu hier au soir, sur un lit aussitôt que j'ay eu fini d'écrire ; mais les puces de *Mollerusa* sont d'une si cruelle espece & ont le talent de se faire si bien sentir, que je n'ai pas pu soutenir leurs attaques plus d'un quart d'heure. C'est là un des plus grands inconvéniens aux quels on est nécessairement exposé lorsqu'on voyage en Espagne, où l'on trouve à peine un lit sur dix, (j'entends dans les *ventas & posadas*) tout-a-fait exempt de cette inquiétante vermine. Les gens de la maison étant encore levés, j'ai été les joindre dans la cuisine, & je me suis amusé à causer avec eux pendant le peu de temps que j'avois à rester. Comme aucun de mes compagnons de voyage ne s'étoit deshabillé, ils se sont tous trouvés prêts en même temps que leur chocolat sur les quatre heures, de sorte qu'à celle précisément que nous nous étions proposés, nous sommes tous entrés dans nos Voitures. Les mules trotantes de Don Diego ont été bientôt hors de la portée de notre vue. A environ dix heures nous sommes arrivés à *Cervera*, ayant fait près d'une lieue par heure, sans nous arrêter dans aucun des Villages où nous avons passé. J'y ai diné en hâte, & ai couru chez Don Diego pour prendre congé de lui & de sa digne épouse. Je les ai trouvés à table avec plusieurs des plus considérables habitans: après une conversation d'une heure, j'ai fait m'a révérence & les ai quittés, non sans quelque peine, du moins de ma part. Les Voyageurs ne devroient jamais trop se lier avec des gens aimables s'ils vouloient s'épargner des sensations désagréables. Mais alors quel plaisir y auroit-il à voyager? Le fait est, que soit que nous restions chez nous, ou que nous nous en éloignions, il n'y a aucune espece de plaisir, qui ne soit tôt ou tard suivi de quelque chagrin.

En me rendant chez Don Diego par une belle rue, j'ai vu un vaste édifice en pierre, & j'ai demandé à un marchand qui étoit dans sa Boutique ce que c'étoit. *L'université*, m'a t-il répondu, Il faut ais-je dit en moi même, que j'y jette un coup d'œil en passant, je n'y ai pas manqué ; & j'ai été mal payé de ma curiosité, car au moment où j'ai mis le pied sur la premiere marche à l'entrée ; mes oreilles ont été assaillies par les sifflemens infernaux de deux ou trois cents jeunes gens, qui se promenoient sous les hauts portiques, qui environnent sa vaste cour.

Qu'est-ce que j'entends ? ais-je dit, en m'arrêtant au haut de l'escalier. Les sifflemens mêlés de cris ont augmentés dans un moment d'une maniere épouvantable. En un mot, voici de quoi il étoit question. Ces messieurs ne souffrent jamais que personne entre dans leur Université avant que d'en avoir préalablement demandé & obtenu la permission de quelqu'un d'eux. J'avois ôté mon chapeau à l'entrée; mais il paroit que cette politesse ne satisfit pas leurs seigneuries. Je ne saurois dire l'air que j'avois à l'ouie d'un pareil vacarme. Il me firent reculer d'étonnement & recourir à mes jambes, non seulement par leurs sifflemens, & leurs cris; mais, ce qui fut encore plus efficace, par des pierres que quelques uns des plus vigoureux me jeterent à la tête: heureusement je n'en fus point touché; & je ne conçois pas comment je pus m'en tirer sans être blessé: je fus bientôt hors de leur portée, & aucun ne se hazarda à me suivre dans la rue.

Telle fut la réception qu'on me fit à la noble Université de Cervera; séjour glorieux des muses Catalanes. Bel échantillon des études qu'y font les jeunes Catalans aux dépens de leur Roi, qui, à ce que l'on m'a dit, débourse annuellement quelques milliers de pistoles pour les honoraires de leurs professeurs; cependant, si l'on me permet de dire mon sentiment, il me semble que sa Majesté feroit mieux d'envoyer les écoliers & leurs professeurs aux galeres de Barcelonne où ils pourroient être employés uti-

Tome IV.   C 4

lement à ramer. Les fouets des Comités parviendroient peut-être à leur inculquer plus efficacement la théorie & la pratique de cette humanité, qui devroit être le caractere distinctif des gens de lettres, sans laquelle les études ne sauroient être d'aucune utilité. Il n'est pas difficile de concevoir que de jeunes écoliers soient aussi brutaux qu'ils le sont dans cette Université. Les jeunes gens sont naturellement étourdis & fantasques; un petit nombre pervers de leur nature suffit, si on les laisse faire, pour en gâter la plus grande partie: mais que leurs professeurs ne s'opposent point à une pareille brutalité, & ne la punissent pas, c'est ce qui me paroit devoir les placer au premiers rangs des bancs des galeres. Mon honnête Chanoine rougit pour ses compatriotes de mon aventure, & il me paroît que ce n'est pas sans raison.

Je n'ai autre chose à ajouter à la relation de ma visite à cette Université, sinon que l'habillement des étudians est uniforme, & consiste en un ample manteau noir qui traîne jusqu'à terre, avec un grand chapeau détroussé par dessus leurs habits ordinaires.

LONDRES A GÊNES.

Nous avons quitté *Cervera* à trois heures après midi, & sommes venus ici à la *venta del violin* pour y passer la nuit. Le chemin depuis la ville jusqu'à cette *venta* est très-beau, ayant été fait à neuf à l'occasion du voyage du Roi à Madrid, à son arrivée de *Naples*. J'aurai un meilleur lit cette nuit que celui de *Mollerusa*, cette *venta* étant la meilleure que j'aie encore vue en Espagne. Elle est nouvellement bâtie, & très-bien meublée. Je suis bien aise de me coucher sans avoir la tête cassée; ce qui auroit été fort incommode dans cette partie du monde, ainsi qu'il vous sera facile de l'imaginer.

LETTRE LXXIII.

Voyage du Dante. Fameux lieu de devotion d'Espage, son origine, & sa situation singuliere. Observations de Baptiste.

Piera 27. Octobre 1760.

Mon voyage de *Lisbonne* à *Mérida*, de *Mérida* à *Fraga* & de *Fraga* ici à *Piera*, pourroit en quelque façon être comparé au voyage poëtique du *Dante* en *enfer*, au *purgatoire*, & en *paradis*. Le pays depuis *Cervera* jusqu'ici est composé d'une chaîne continuelle de montagnes & de vallons, dont les agrémens surpassent toutes les descriptions qu'on en pourroit faire. Si le reste de l'Espagne étoit aussi fertile & aussi peuplé que cette partie de la Catalogne; il n'y auroit aucun Royaume dans l'univers qui pût lui être comparé.

Le village d'*Igualada*, où nous avons diné, est aussi bien bâti qu'aucun que j'eusse jamais vu en Italie ou en Angleterre, & je pourrois dire la même chose de tous ceux que nous avons laissé hier & aujourd'hui derriere nous.

Il y a à *Igualada* différens moulins à papier sur un canal artificiel, & une manufacture d'étoffes de laine, où j'ai compté environ quarante métiers. Je me proposois de là de laisser Baptiste continuer le voyage avec le Chanoine jusqu'à Barcelonne, & de monter un mulet pour aller faire un petit tour au Couvent de *Monserrat* qui n'est qu'à quelques lieues du grand chemin; mais le vent du nord a soufflé avec tant de force toute la matinée, & est d'ailleurs si froid, qu'il m'a fait changer de sentiment, n'étant point assez chaudement vétu pour m'exposer à l'inclemence de l'air de la montagne où ce couvent se trouve situé: & n'ayant nulle envie d'ouvrir ma malle pour en tirer un habit plus chaud: si le temps avoit continué à être beau, vous auriez été régalés de la description d'un hermitage, qui suivant ce que j'ai pu recueillir de plusieurs témoins oculaires, pourroit le disputer pour la singularité au *couvent de liege* de Portugal.

Il y a à *Monserrat* un sanctuaire ou lieu de dévotion qui n'est pas moins fameux en Espagne que l'Eglise *de Lorette* en Italié. Il faut que je vous apprenne son origine, à peu près dans les mêmes termes dont le chanoine s'est servi pour m'en instruire.

„ Environ vers le milieu du neuvieme siecle, lorsque la Catalogne étoit gouvernée par ses propres Souverains qui portoient le titre de Comtes, il y en eut un, qui n'avoit qu'une seule fille qui n'étoit pas moins belle que bonne.

„ Cette princesse avoit à peine atteint sa quatorzieme année qu'elle se mit en tête de devenir hermite; toutes les remontrances de son pere furent vaines, ainsi que les larmes de sa mere, les soupirs de son amant, & les prieres des peuples, rien ne fut capable de la faire changer de résolution. Elle ordonna qu'on lui construisît une cellule dans l'endroit le plus sauvage de la montagne, que l'on nomme à présent *Monserrat*, où elle se retira toute seule pour passer sa vie en prieres, & dans la pénitence, se nourrissant de glands & de baies, & ne buvant que de l'eau.

„ Sur la même montagne, & à peu de distance de l'habitation de la princesse vivoit un hermite nommé *Guari-*

L'ONDRES A GÊNES.

„ *no*, qui quoique dans sa premiere jeu-
„ nesse, avoit déjà passé par l'épreuve
„ d'un si grand nombre d'austérités vo-
„ lontaires & de souffrances, qu'il étoit
„ regardé comme un aussi grand saint
„ que St. Jerôme, St. Hilaire, ou St.
„ Macaire.

„ Le Diable, comme vous pouvez
„ bien vous l'imaginer, ne vit point ces
„ deux personnages d'un œil satisfait. Il
„ craignit que leur vertu ne devînt con-
„ tagieuse, & prit le parti d'en prevenir
„ les effets. Pour parvenir à un but
„ aussi funeste, il tenta *Guarino*, & lui
„ fit naître l'envie d'aller faire visite à la
„ princesse, dans l'intention de l'encou-
„ rager, & d'être encouragé par son
„ exemple à perseverer dans la sainte
„ vie qu'ils avoient embrassée. Ses visites
„ devinrent peu-à-peu plus fréquentes
„ qu'il n'étoit nécessaire, leur conséquen-
„ ce fut, que le projet du Diable se réa-
„ lisa, & que la princesse fut obligée
„ d'élargir sa ceinture, à la confusion du
„ pauvre hermite, qui se trouva par cet
„ accident, en danger de perdre sa ré-
„ putation de sainteté qu'il n'avoit acqui-
„ se qu'avec bien de la peine.

VOYAGE DE

„ *Abyssus abyssum invocat*. Que fit le
„ méchant *Guarino* pour cacher son cri-
„ me? Hélas! il coupa la gorge de la
„ jeune Demoiselle, & enterra secrete-
„ ment son corps sous un monceau de
„ pierres!

„ Ce crime horrible une fois commis,
„ *Guarino* continua de vivre à son ordi-
„ naire, & se fit encore passer pendant
„ quelque temps pour un saint parmi le
„ petit nombre d'habitans de ces cantons.
„ Mais quoique son infâme action fût
„ cachée aux autres, il ne pouvoit se
„ la cacher à soi-même; les remords
„ qu'il éprouvoit le tourmentoient si
„ cruellement, & si constamment qu'in-
„ capable de les supporter plus long-
„ temps, il prit le parti à la fin de faire
„ le voyage de Rome, pour aller se con-
„ fesser au Pape, & tâcher d'en obtenir
„ une absolution qu'il croyoit ne pouvoir
„ lui être accordée par aucun autre que
„ par sa Sainteté.

„ Les cheveux du Pape se hérisserent
„ à l'ouie de ce crime atroce, & il dit à
„ *Guarino*, qu'il ne pouvoit s'expier,
„ qu'autant qu'il retourneroit tout à fait
„ nud, & à quatre pattes comme les bê-

» tes à son hermitage, ajoutant qu'il ne
» devoit jamais essayer de marcher la tête
» levée, avant qu'il eût eu une permis-
» sion expresse du Ciel de le faire.
» Cette pénitence étoit dure, cepen-
» dant *Guarino* s'y soumit & l'accomplit.
» Il quitta ses vêtemens & se mit en
» chemin pour *Monserrat*. En peu de
» temps il lui crut par tout le corps des
» poils d'une telle longueur, qu'il ressem-
» bloit plutôt à un ours qu'à une créa-
» ture humaine.
» Ce fut ainsi que *Guarino* rampa pen-
» dant quelques années, évitant autant
» qu'il pouvoit le petit nombre d'habi-
» tations qui étoient dans les montagnes,
» se cachant toujours dans une Caverne,
» & allant seulement vers le soir cher-
» cher de la nouriture.
» Il arriva un jour, que le Comte de
» Catalogne, pere de la jeune princesse
» assassinée, étant à la chasse, apperçut
» *Guarino* au moment qu'il s'efforçoit de
» grimper un rocher, pour parvenir à
» quelques racines sauvages. La vue
» d'un monstre aussi extraordinaire, en-
» gagea le prince à s'approcher pour
» l'attaquer ; mais reconnoissant qu'il

„ n'étoit pas aussi sauvage qu'il se l'étoit
„ d'abord imaginé, & qu'il s'étoit laissé
„ donner deux ou trois coups sans chan-
„ ger son humble posture, il ordonna aux
„ gens de sa suite de l'enchainer, & de
„ le conduire à Barcelone, où il avoit
„ coutume de le garder dans son propre
„ appartement lui jettant des croutes &
„ des os de viande de sa table, se diver-
„ tissant fréquemment ainsi que ses cour-
„ tisans à le faire courir à force de coups
„ de pieds, & à lui faire faire conti-
„ nuellement toutes sortes de tours de
„ souplesse.
„ Ce genre de vie parut beaucoup plus
„ insupportable & plus mortifiant à *Gua-*
„ *rino*, que la pénitence d'errer dans les
„ montagnes. Cependant il le soutint
„ avec tant de patience & de résigna-
„ tion, qu'à la fin son crime fut expié.
„ Un jour que le comte étoit à diner,
„ & que le monstre étoit près de lui,
„ une voix épouvantable se fit entendre
„ du Ciel, disant. *Leve toi Guarino,*
„ *leve toi; ton péché t'est pardonné.*
„ Le pauvre pénitent qui attendoit
„ vainement depuis longtemps cet ordre
„ favorable, se leva incontinent sur ses

„ jambes, & tournant ses yeux vers le
„ ciel, rendit grace au tout puissant
„ d'une voix intelligible, & avec beau-
„ coup de ferveur.

„ Vous vous imaginez aisément quelle
„ dût être la surprise du comte & de sa
„ suite à cet événement imprévu. Ayant
„ ainsi rompu son silence de sept ans.
„ *Guarino* raconta en versant un torrent
„ de larmes toute son histoire au Souve-
„ rain épouvanté, & le supplia de lui
„ accorder un pardon que ce prince ne
„ s'obstina point à lui refuser. Le com-
„ te ordonna qu'on lavât *Guarino*, &
„ qu'on l'habillât; ensuite il s'enfut avec
„ lui à la montagne chercher l'endroit où
„ sa malheureuse fille avoit été assassi-
„ née, dans l'intention de donner à ce
„ qui restoit d'elle un tombeau plus dé-
„ cent que le lieu où son amant impi-
„ toyable l'avoit placé. Mais admirez
„ ce qui arriva; miracle sur miracle! on
„ trouva la princesse vivante: précisé-
„ ment à l'endroit où elle avoit été bles-
„ sée, la blessure étoit encore ouverte,
„ & le sang couloit de son sein à
„ terre.

„ Qui oseroit se charger d'exprimer le
„ mélange de chagrin & de joie qu'un

„ pere dût éprouver à une pareille vue!
„ Il l'a fit transporter sur le champ à sa
„ cellule, où un Chirurgien l'eut bientôt
„ guérie. Il est inutile de dire, qu'elle
„ s'étoit assez répentie du péché com-
„ mis avec *Guarino*, & qu'elle s'étoit
„ récommandée avec tant de ferveur à
„ la vierge Marie au moment qu'il la frap-
„ pa de son couteau, qu'elle en eut
„ pitié, & conserva sa vie de la manie-
„ re miraculeuse que je viens de ra-
„ conter.

„ Aussitôt que la princesse eut recou-
„ vert sa premiere santé, elle ordonna
„ qu'on fondât une Eglise & un Couvent
„ au même lieu où *Guarino* l'avoit traitée
„ si cruellement. Elle consacra l'Eglise
„ à sa protectrice, non-seulement pour
„ la faveur qu'elle en avoit reçue, mais
„ encore parce qu'on avoit découvert
„ une image miraculeuse d'elle, justement
„ dans ce même temps, cachée dans une
„ des différentes cavernes, que l'on
„ trouve dans la montagne.

„ Quant au Couvent, la princesse
„ supplia son pere de le donner aux Bé-
„ nédictins, qui l'ont successivement pos-
„ sédé depuis lors jusqu'à présent. Ainsi

„ finit l'histoire de la miraculeuse *Notre
„ Dame de Montferrat*." (11)
J'ai eu cette montagne à main droite,
& à portée de ma vue pendant toute la
journée. C'est une longue chaîne de
montagnes, qui a l'apparence la plus sin-
gulière à une certaine distance, présentant plusieurs éminences de différentes
formes, quelques-unes desquelles doivent être bordées de précipices très-dan-
gereux. La plus élevée de ces éminences
donne le nom à toute la chaîne, qui divise la Catalogne en deux parties assez
égales. L'Eglise & le Couvent sont situées vers le pied de cette haute montagne, delà en montant par un sentier tor-
tueux & pierreux on parvient à son sommet, visitant en chemin plusieurs petits
hermitages bâtis sur le sommet des rochers, habités chacun par un hermite.
Par la relation du chanoine, les différen-

(11) Il paroît par cette histoire que le bon chanoine
avoit conservé bien fidellement tous les préjugés de la
robe, mais il vaut mieux croire que c'est un songe qu'a
fait M. BARETTI dans sa voiture; quelque fois que
l'on puisse supposer un chanoine, ce conte est trop ridicule pour être sorti d'une bouche un peu instruite; il
seroit tout au plus digne d'un Capucin.

tes vues que préfentent ces hermitages ne doivent pas être moins terribles que pittoresques. Des gens de toutes fortes de conditions abondent continuellement de toutes les parties du monde Catholique, mais plus particulierement des différentes Provinces d'Espagne pour vifiter ce fanctuaire, qui, fi l'on ajoute foi à ce qu'on affirme, doit renfermer un tréfor, auffi confidérable, s'il ne l'eft d'avantage que celui de Lorette. Les moines, qui font au nombre de cent, exercent l'Hofpitalité envers tous ceux qui s'y rendent, quels qu'ils puiffent être, ayant pour cet effet des revenus très-confidérables, outre que l'ordre envoie continuellement quelques-uns de fes membres non-feulement dans les provinces voifines, mais même dans les plus éloignées de la Monarchie pour y ramaffer des aumônes. Il eft cependant d'ufage pour les riches qui vifitent cette églife, de faire quelque préfent en argent aux moines pour reconnoître le traitement qu'ils en reçoivent; il n'y a que les pauvres qui puiffent y vivre trois jours fans rien donner. Pour tout dire en un mot la dévotion de *Monferrat* eft à-peu-près la même que celle de *Lorette*, & on y obferve les mêmes cérémonies; il y a quelques jours de l'année destinés à la célébration de certaines solemnités, qui y attirent des milliers de gens, auxquels les moines ont soin de procurer les vivres & les commodités qui leur sont nécessaires pendant ce temps.

On rencontre plusieurs vallées fertiles dans ces effroyables montagnes; & un grand nombre de sources qui jaillissent des rochers, se joignent à peu de distance du Couvent pour former une petite riviere nommée *Lobregat*, dont les eaux sont regardées comme les plus saines de toute la Catalogne.

Le territoire de *Piera*, que j'ai jugé à propos de traverser à pied vers le soir, est on ne peut pas plus agréable: mais il est inutile de vous fatiguer de mes descriptions, qu'il faudroit répéter à tout moment. Je viens d'avoir un bon soupé, & je m'apperçois que le lit est mol & propre, ainsi je quitte la plume pour me deshabiller.

Postscript à la réquisition de Baptiste, & pour lui faire plaisir.

Il me dit, qu'étant descendu pour boire à *Fuenta de la Reyne*, village distant d'ici d'environ une lieue, on lui avoit dit, que plusieurs des maisons de ce village sont bien fournies d'eau au moyen de robinets de cuivre fixés dans l'un des murs des chambres de plein pied; & il m'assure qu'il a vu lui même un de ces robinets à l'hotellerie où il a bu. Je vous prie, Monsieur, m'a dit Baptiste, ne manquez pas d'en faire mention, en disant que cette observation n'est point de vous, mais bien de moi; par ce moyen MM. vos Freres en lisant vos lettres, verront que je ne suis pas un serviteur inutile; mais que j'ai aidé mon maître autant qu'il m'a été possible.

Le desir de Baptiste est trop raisonnable pour que je m'y refuse; j'ajouterai encore qu'à *Valbona* (autre village éloigné d'environ une demie lieue) il a rempli le *Borracho* d'un vin, que je crois comparable, s'il n'est pas préférable, au meilleur syracuse que j'aie jamais gouté. Cet honnête garçon fait fort bien ce qu'il fait, lorsqu'il est question de bon vin, & qu'on peut s'en procurer. Les villages que nous avons trouvés aujourd'hui, étoient si peu éloignés les uns des autres, qu'on pourroit dire à l'aide d'un peu d'exagération, que le voyage de la journée s'est fait au travers d'un seul.

LETTRE LXXIV.

Industrie & activité des paysans catalans. Leur devotion. Capitation lourde. Montagne escarpée. Vignes formées en festons. Rues étroites, mais bien pavées.

Barcelone 28 Octobre 1760.

Ceux qui accusent les Espagnols de paresse, devroient au moins faire une exception en faveur des paysans catalans, que j'ai trouvés ce matin travaillants au clair de la lune dans les champs en sortant de *Piera* à quatre heures du matin.

Comment, ais-je dit en moi même, peut-il se faire que ces gens soient si diligents, & quittent leur lit si matin pour une pareille besogne? sûrement ces drôles se mettent de si bonne heure au travail pour pouvoir se reposer pendant les grandes chaleurs de la journée.

Voyez comme les voyageurs sont habiles à trouver la raison des choses! à peine eus-je formé cette idée, que je ne pus m'empecher de rire de ma maligne sagacité, en me rappellant que le temps étoit alors si froid, que l'heure de midi même ne pouvoit pas paroître incommode au laboureur. Ainsi ne ressusons pas à ces honnêtes gens les louanges que méritent à si juste titre une activité & une industrie qui n'ont peut-être pas leur pareille dans aucun autre pays.

Ce n'est pas non plus l'unique qualité de ces paysans qui mérite d'être louée: leur piété mérite aussi de l'être, je les ai entendu réciter à haute voix leurs prieres, tandis qu'ils étoient occupés à tailler leurs vignes, & leurs meuriers.

J'ai été quelquefois à mon tour dans le cas de me lever de bonne heure dans différens pays, surtout lorsque je suis en voyage ; mais quoiqu'en général les paysans de tous les pays soient assez portés à se lever matin pour se mettre à l'ouvrage, je ne les ai jamais vus nulle part aussi matineux que dans le voisinage de *Piera*. Mon bon chanoine m'assure que les Aragonois ne le cedent guere aux Catalans à cet égard; il avoue cependant que les Catalans sont les gens les plus actifs de toute l'Espagne, & il en

don-

donne une bonne raison. La voici, il dit, que, depuis l'age de quinze ans jusqu'à soixante, les pauvres gens sont obligés de payer une capitation annuelle de quarante-quatre reaux, outre leur part des impositions qui sont communes à tous les sujets. Cette capitation exorbitante, a continué le Chanoine, fut imposée aux Catalans par Philippe V, pour les punir de leur obstination à adhérer à son compétiteur *Charles* dans la longue guerre pour la succession.

Voyez ce que les petits gagnent à se mêler des querelles des grands! le peuple de Catalogne, & sur tout les paysans, n'avoient certainement aucun besoin de s'interésser à cette succession, car il étoit clair que quelque fût le vainqueur, ils n'en seroient pas moins soumis à un gouvernement arbitraire: mais c'est le sort de la multitude dans tous les pays du monde d'être toujours dupe; & de servir constamment d'instrumens pour faciliter la réussite de desseins qui ne l'intéressent que peu, & ne la touchent que foiblement. On ne peut jamais parvenir à la convaincre, que rélativement à ses intérêts, il lui importe très-peu comment

Tome IV. D

& par qui elle sera gouvernée. (12) Au lieu de se tenir tranquille, & de ne se charger d'autre rôle que de celui de spectateur, ainsi que firent plusieurs Espagnols dans cette occurrence ; & de laisser les deux Princes rivaux démêler la fusée tout à leur aise, les simples Catalans prêtèrent l'oreille aux nombreux émissaires de l'Autriche, & de l'Angleterre, qui leur firent croire qu'ils seroient tous riches, tous heureux, tous glorieux, si Charles prévaloit. L'effet de ces promesses fut que les pauvres malheureux abandonnèrent leurs charrues, & leurs métiers, ceignirent l'épée, prirent le mousquet, & marcherent courageusement contre Philippe, déclarant qu'ils vouloient un Mo-

(12) Hélas! c'est & ce sera toujours le sort des peuples de toutes les puissances. Un Roi s'imagine avoir des droits sur tel pays éloigné de 100 lieues de ses frontieres : aussitôt il fait entrer 50 mille Cesars, à 5 sols par tête, dans sa querelle, quoique ces 50 mille braves ne sachent pas même de quoi il s'agit ; & ces malheureux, victimes de la cupidité ou de la sottise d'un homme qu'ils n'ont peut-être jamais vu, vont assassiner leurs freres, & se faire tuer eux mêmes, sans qu'il en résulte souvent d'autre avantage aux deux partis que d'avoir désolé les terres que leurs armées ont couvertes.

narque Allemand, & qu'ils n'en reconnoitroient point un François.

Mais que leur valut cette déclaration & leurs combats ? Philippe eut le dessus, parce que les Allemands ne firent que fort peu de chose, pour Charles, & que les Anglois, qui l'avoient longtemps & puissamment secouru, s'en lasserent à la fin, & l'abandonnerent. Délaissés par les alliés de Charles, les malheureux Catalans furent regardés par le vainqueur comme des rebelles & des traitres: plusieurs avoient péri dans le cours de la guerre; ceux qui restoient furent alors pendus, décapités, envoyés aux galéres, harassés, & tourmentés de toutes sortes de manieres; enfin on finit par leur imposer une capitation, qui a été continuée sur leur postérité, laquelle est à présent forcée de se lever longtemps avant le soleil pour se mettre en état d'y satisfaire, & de payer la sottise de ses ancêtres. *Tuas res age* est le meilleur conseil que la prudence puisse donner, & si chaque Catalan, au lieu de crier *Vive le Roi Charles*, s'étoit dit à lui-même, & à ses compatriotes *Tuas res age*: ils auroient prévenu les calamités dont leur pays fut accablé pour n'avoir pas suivi un pareil conseil.

Dans le voisinage de *Piera*, est une montagne fort élevée, dont le côté méridional est si éscarpé, que l'on est obligé de s'accrocher à des cordes attachées à de forts piquets, afin de pouvoir se tenir debout, tandis que l'on se traine de seps en seps pour cueillir le raisin des vignes qui couvrent tout ce côteau, si on osoit s'y hazarder sans le secours de ces cordes, le moindre manque d'attention en plaçant les pieds, pourroit occasionner une chûte périlleuse; je ne conçois pas comment il a pu entrer dans la tête de quelqu'un de planter des vignes dans un endroit d'aussi pénible accès; mais la peine des vendangeurs est avantageusement récompensée par la bonté de ces raisins, qui produisent le plus excellent vin que l'on boive en Catalogne.

Environ à midi nous avons atteint un petit village nommé *Molin de Reys*, où *Don Michel de Vallejo*, frere de mon ami le Chanoine, l'attendoit, ayant été prévenu d'avance qu'il y arriveroit pour diner.

Don Michael s'y étoit rendu dans un Carosse trainé par quatre mules, & avoit amené deux perſonnes avec lui. Dans un inſtant nous ſommes devenus les meilleurs amis du monde, & avons mangé fort gaiement tous enſemble. Après diné ils ſont partis au trop, après nous avoir fait promette à *Cornacchini* & à moi que nous dinerions demain avec eux. J'ai fait fort à mon aiſe & ſans me preſſer, à pied, la meilleure partie du chemin qu'il y a de *Molin de Reys* juſqu'à cette ville, la vue tout autour de moi a toujours été aſſez agréable pour me rappeller les champs Eliſées. Elle conſiſtoit en une ſuite ſans fin de vignes ſoutenues par des meuriers régulierement plantés, les branches de vigne diſpoſées de maniere à former de riches berceaux dans l'entredeux des arbres. J'ai vu des vignobles ainſi diſpoſés dans pluſieurs endroits d'Italie, ſurtout dans les Duchés de Mantoue & de Modene, qui ne différoient de celles de Catalogne qu'en ce qu'aulieu de meuriers, les vignes Mantoannes, & Modénoiſes étoient ſoutenues par des ormeaux.

Penſez combien le ſol de Catalogne doit être fertile, il fournit la nouriture neceſſaire non-ſeulement à ces vignes & à ces meuriers : mais encore au froment qui eſt semé sous leur ombrage. Oui, il se trouve même des vignobles dans ce pays, dans lesquels après la moisson, on s'en procure une seconde de quelqu'autre grain. Quel objet délicieux pour la vue des honnêtes cultivateurs, de contempler une pareille fertilité, s'empressant à récompenser leurs utiles travaux!

Pendant un bon mille depuis la ville, le chemin est parfaitement droit & uni, & est bordé de chaque côté d'orangers, & de meuriers, plantés alternativement. Leur produit à ce qu'on m'a dit, fait partie des revenus du Gouverneur.

Barcelone n'a pas tout-à-fait trois milles de circonférence, elle est munie d'excellentes fortifications, & d'une belle Citadelle; les rues, toutes pavées en pierres plates, sont pour la majeure partie si étroites qu'il ne peut y passer deux voitures de front. Mais les gens qui ont des équipages sont si peu nombreux qu'elles ne sont point embarrassées par leur concours. Je me propose de m'arrêter ici deux jours; sans pourtant espérer d'avoir rien à vous marquer de bien intéressant pendant ce court espace n'entendant point le langage des habitans de ce pays.

LETTRE LXXV.

Situation, climat, & prix des choses à Barcelone: son port, sa place, & sa citadelle.

Barcelone (13) 29 Octobre 1760.

CETTE ville est la mieux bâtie que j'aie encore vue en Espagne, & plus

(13) On croit que cette ville, l'une des plus anciennes de l'Espagne a été bâtie par Amilcar Barça, père d'Annibal environ 250 ans avant Jésus-Christ. Elle n'étoit pas fort considérable, quoique capitale des Laléetains : c'est une petite ville quarrée éloignée de 120 pas de la mer. Elle fut prise par les Gots du temps du Roi Ataulphe qui y fut assassiné, & dont le corps y est inhumé. Les Maures l'enlevèrent aux Goths avec le reste de l'Espagne. Charlemagne la leur enleva l'an 801. Aujourd'hui elle est une des plus grandes, des plus belles & des plus riches villes d'Espagnes, & bien fortifiée. Le port de Barcelonne est fort large, spacieux & sûr, défendu d'un côté par un grand môle, revêtu d'un superbe quai, au bout duquel se trouve un fanal ; & un

que passablement décorée de palais, d'Eglises & d'autres Edifices publics, dont quelques uns seroient regardés comme magnifiques, même dans les villes les plus renommées.

La situation de Barcelone ne sauroit être plus avantageuse, ayant la mer devant elle, une belle montagne d'un côté, & une plaine derriere, arrosée par une quantité de petites rivieres ; qu'on fait aisé-

petit fort où l'on tient garnison. De l'autre côté, il est à l'abri des vents de l'ouest par le Mont-Joui qui s'avance dans la mer, & fait un espece de promontoire, au pied duquel on a construit un ouvrage quarré muni de Canons. Il se fait à Barcelonne de très-belles verreries, & des couvertures que l'on connoît en France sous le nom de Castélognes. L'an 1640 les Catalans ayant secoué le joug de leur Roi appellerent les François qui furent maitres de cette ville pendant douze ans, ils en furent chassés en 1652 après avoir soutenu un siege de 15 mois, ils l'assiegerent de nouveau en 1697 & s'en emparerent, mais elle fut rendue à l'Espagne après la paix de Ryswick. Elle fut encore enlevée aux Rois d'Espagne par l'armée alliée en 1705 & prise au nom de Charles III. Mais enfin les troupes de Philippe V, combinée avec celles de France la reprirent en 1714 depuis ce temps, elle est restée à l'Espagne.

aisément servir à l'utilité de l'agriculture & des manufactures.

Le Consul Anglois qui a résidé ici nombre d'années m'a dit qu'il n'y avoit pas au monde de climat plus agréable & plus sain que celui de cette ville & de ses environs. Des vents de mer fréquents purifient l'air pendant l'été, & le peu de neige qui tombe en hyver, reste à peine vingt-quatre heures sur la terre sans se fondre. Je vous laisse la liberté d'imaginer, a ajouté ce Consul, à quel point le printemps & l'automne doivent charmans dans un pays où l'été & l'hyver sont si tempérés.

La fertilité surprenante de ce pays, & des environs fournit aux habitans des vivres en grande abondance, & quoique l'argent y soit assez commun par le moyen de leur commerce & de leurs manufactures: tous les besoins de la vie sont ici à aussi bon marché que dans aucune des villes de l'intérieur des terres. Trois livres de bon pain se vendent un réal; pour ce même prix on a assez de vin pour remplir deux bouteilles. La viande de boucherie ne coute pas tout à fait un demi réal la livre de seize onces, & une douzaine de pigeons, ou une paire d'excellentes volailles, ou un Coq d'Inde gras ne se paient guere plus de trois reaux. L'huile qui est un article dont il se fait une grande consommation, ainsi que dans tous les autres pays Catholiques, se vend à-peu-près au même taux du vin; les légumes, & les fruits, ainsi que le poisson de mer de différentes especes, abondent pendant toute l'année de maniere que personne ne doit craindre de mourir de faim s'il est en état de gagner par son travail un réal dans les vingt-quatre heures. Le bois à brûler est la seule chose qui ne paroisse pas proportionnée au reste pour le bon marché: mais il en faut peu dans un climat où l'on n'a guere besoin d'autre feu que de celui de la cuisine.

Le port de cette ville, quoiqu'assez spacieux, n'a pas assez d'eau pour admettre des vaisseaux de guerre; & son peu de profondeur est occasionnée par la grande quantité de sables que la mer y charie continuellement.

Il est vrai qu'il y a des machines, qui travaillent sans relâche à le débarasser de ce sable; mais tout ce qu'elles peuvent faire, c'est de tenir le bassin en état de recevoir des vaisseaux marchands du port de quatre à cinq cents Tonneaux.

L'entrée de ce port est défendue par plusieurs batteries placées sur la partie inférieure d'un promontoire bien fortifié, situé à droite du port quand on en sort, & qui commande parfaitement le port & la ville. *Mongiovick* est le nom de ce promontoire au sommet duquel on m'a dit qu'il se trouvoit encore quelques vestiges d'un phare qui y avoit été placé par les Romains.

Des quatre portes de la ville, il y en a deux au bord de la mer, par l'une desquelles on sort ; mais il faut nécessairement rentrer par l'autre. Cela n'est pas mal imaginé, & facilite beaucoup la visite de tout ce qui ne doit entrer qu'après avoir préalablement acquité les droits de Douâne.

En dedans de la ville, & tout près de la Comédie, est une grande place nommé la *Rambla*, où les soirées d'été les femmes & les hommes se rassemblent pour se promener, & s'entretenir jusqu'à l'heure du soupé, & quelquefois même pendant la meilleure partie de la nuit, ainsi que cela se pratique assez générale-

Tome IV.   D 6

ment dans toutes les parties méridionales de l'Espagne, où chacune a sa place, ou au défaut une rue, destinée à ces conversations nocturnes.

La Citadelle dont j'ai déjà parlé est si bien entretenue, que l'on croiroit quelle n'a été bâtie que depuis fort peu de temps quoiqu'elle ait près de deux siecles. C'est un exagone grand & régulier, avec des fossés profonds & des demi-lunes sur chaque courtine, outre quelques ouvrages avancés du côté de la campagne, qui sont tous minés. Elle a depuis longtemps la réputation d'être aussi forte qu'aucune qu'il y ait en Flandre; mais semblable à toutes les Citadelles qui ont trop d'étendue, & sont situées sur un terrein plat; il ne faut guere moins d'une armée entiere pour la défendre; vous savez quels sont les inconvéniens qu'entraine un nombreuse garnison, qui est bientôt affamée lorsque l'ennemi est une fois maître du pays qui l'environne.

LETTRE LXXVI.

Ville nouvelle. MM. Minas & Gage sont deux braves hommes.

Barcelone, 30 Octobre 1760.

LE commerce a fait ici depuis quelques années de si grands progrès, & a si fort augmenté la population, que le Gouvernement ne voulant point agrandir Barcelone aux dépens des fortifications qui l'entourent, & porté cependant à favoriser cette augmentation que le manque de place auroit pu arrêter, a ordonné qu'on bâtît une nouvelle ville à environ un mille de distance de celle-ci.

Il ne paroit pas encore décidé quel nom portera cette nouvelle ville. Les uns l'appellent *La ville neuve* d'autres *Barcelone la neuve*, & même *Barceloneta*. Je m'imagine que ses limites dépendront du concours de ceux qui se présenteront pour bâtir, & s'y établir, qui fera rétrécir, ou agrandir l'enceinte nouvellement tracée, qui renferme un quarré oblong qui a d'un côté un demi mille d'étendue, & trois quarts de l'autre.

On contemple avec plaisir la régularité de la partie déjà bâtie, toutes les maisons qui composent une rue sont exactement paralleles d'un bout à l'autre: il n'y en a aucune qui ait plus de deux étages outre le rez de chauffée; & les rues sont assez larges pour que deux ou trois voitures puissent y passer de front: l'extérieur de chaque maison est enduit & blanchi de beau plâtre; qui étant fort poli, brille comme du marbre à moitié travaillé. Cette grande blancheur n'est pourtant point incommode, parce que l'entre-deux des colomnes est coloré avec un rouge pâle, & les volets des fenêtres (tous placés en dehors) sont peints en verd.

Pourvu qu'on se conforme à ce plan; qu'on observe la plus grande uniformité, & qu'on soit Catholique Romain; il est permis aux étrangers tout comme aux gens du pays sans aucune distinction d'y bâtir autant de maisons qu'ils jugent à propos, on leur concede gratis, & en toute propriété le sol.

A cet avantage on peut en joindre encore deux autres: celui d'obtenir tout de suite la naturalisation sans qu'il soit besoin d'aucune autre formalité ; & d'avoir la parole du Gouvernement, qu'on ne payera jamais aucune rente fonciere, ni nulle autre taxe rélativement à aucun bâtiment, soit maison, magazin ou de toute autre espece qu'on puisse y faire construire.

Le célebre Marquis *de las Minas*, qui est depuis quelques années le Gouverneur de cette Principauté, ne se donne aucun repos & fait tout ce qu'il peut pour accélérer l'entreprise, ses efforts ont eu un si grand succès que cette nouvelle ville contient déja trois mille habitans ; parmi lesquels il s'en trouve beaucoup qui font un commerce assez considérable.

Outre les secours pécuniaires que le Seigneur a accordé a quelques personnes pour les aider à bâtir leurs maisons, & les différentes sommes prétées sans intérêt à d'autres ; afin de les mettre en état de s'y établir. Il a encore employé plusieurs milliers de pistoles (vingt mille) à bâtir une superbe Eglise, qui doit servir de Cathédrale à la nouvelle ville. Une partie de cet Edifice est de marbre blanc surtout le frontispice, qui est bien décoré de colomnes, de statues, &

d'autres ornemens magnifiques. Ce *Las Minas* eſt un Seigneur bien reſpectable, & beaucoup plus eſtimable par le zele qui le porte à encourager cet ouvrage, que pour ſon habileté dans l'art militaire, qui l'a rendu formidable en Italie où il commandoit les armées pendant la derniere guerre. Je ne ſaurois m'empêcher de remarquer, que les deux Généraux qui ont commandé avec le plus de gloire pendant cette guerre contre nous & les Allemands, ſe trouvent être devenus à l'époque préſente, les deux plus grands bienfaiteurs de cette Monarchie. *Las Minas* s'occupe à jeter les fondemens d'une nouvelle ville en Catalogne, tandis que *Gage* conſtruit de nouvelles routes dans toute la Navarre.

LETTRE LXXVII.

Couteaux attachés aux tables. Différentes Manufactures. Abondance de tailleurs, & pourquoi. Carosse loué.

Barcelone, 31 *Octobre* 1760.

L'Impot additionnel de quarante quatre réaux, ne fut pas la seule punition infligée aux Catalans pour avoir pris le parti du compétiteur de Philippe V. on leur interdit l'usage de toute espece d'armes, & cela avec tant de rigueur, qu'on leur défendit non-seulement sous les plus séveres peines de porter un couteau dans leurs poches; mais qu'on ne leur permit pas même d'en avoir plus d'un seul sur leur table; & il leur fut encore enjoint de l'y attacher par une longue chaine, pour qu'il ne pût servir qu'à découper les viandes qu'ils mangeoient à leurs repas.

Il est vraisemblable que les Catalans ne manquerent pas de se conformer à cette loi ridicule pendant sa nouveauté.

Mais comme depuis longtemps le gouvernement n'a eu aucune raison de les croire mal affectionnés, personne ne prend garde s'ils ont des couteaux dans leur poche, ni au nombre qu'ils en ont sur leurs tables. Cet usage dure cependant encore parmi le petit peuple, & dans les *Posadas & Ventas*; on y trouve un grand couteau à découper, attaché à une chaine de fer, laquelle est clouée à un des coins de la table.

Loin d'être peu attachés au gouvernement présent, les Catalans paroissent passionnés de leur Roi; ce n'est pas sans raison, sa Majesté ayant fait remise à la principauté jusqu'au dernier *Maravedi* de toutes les sommes arriérées, dues au trésor Royal, le jour qu'il y mit pied à terre lors de son arrivée de Naples. Ces arrérages s'étoient considérablement augmentés durant trois ou quatre ans, que les recoltes avoient été peu abondantes, & montoient à peu de chose près à quatre millions deux cents mille livres de France, à cette époque. La remise d'une pareille somme fut un acte de munificence, qui fut accompagné de la part du Roi de plusieurs expressions gracieuses, qui lui gagnerent le cœur de ces peuples,

& il paroit qu'il ne conserve plus aucun ressentiment des outrages & des tourmens qu'il a autrefois souffert: la memoire en est tout à fait éffacée.

Comme Cadix est la ville la plus florissante que les Espagnols possedent sur l'ocean, Barcelone est dans le même cas sur la méditerannée. Il y a ici un grand nombre de manufactures qui travaillent, & sont soutenues avec une ardeur peu commune dans les autres provinces d'Espagne: celle qui m'a parue la plus considérable est celle des armes à feu, dont les armuriers de cette ville fabriquent assez pour pouvoir en fournir presque tout le Royaume; outre la grande quantité exportée dans les possessions Espagnoles du nouveau monde: on m'a même assuré que les troupes Napolitaines tiroient leurs pistolets de cette ville en conformité des réglemens faits par le Roi avant qu'il eût placé son fils sur le trône qu'il quittoit pour venir remplir celui de cette Monarchie.

Après la manufacture d'armes à feu, vient celle des armes blanches, jusqu'aux rasoirs inclusivement, avec tout ce qui est compris sous le nom de quincaillerie en acier. Les Lames d'épée de Barcelone ont la réputation de le céder à peine à celles de Tolede, & les rasoirs qui se fabriquent ici, me paroissent à présent que j'en ai fait usage, préférables à ceux d'Angleterre, non par leur beauté, ou leur délicatesse, mais seulement par leur forme, qui est plus propre à débarasser promptement d'une forte barbe, étant plus larges & plus pesans que les Anglois.

La manufacture des couvertures de laine est aussi une des plus considérables. On n'en exporte pas moins annuellement de quatre vingt mille pour l'étranger. Les Italiens en prennent environ six mille pour leur part. Je tiens cette particularité d'un Gentil-homme qui a quelque inspection sur les manufactures & sur le commerce de cette ville, que j'ai rencontré chez *Don Miguel*.

Il est inutile de parler des mouchoirs de soie de Barcelone, ils sont tout aussi connus dans toute l'Italie, que ceux de *Vigevant*. On m'en a montré quelques-uns qui se vendent jusqu'a quatre vingt & même cent reaux: j'avoue que je n'ai jamais rien vu, dans ce genre, de plus beau.

Les premiers en qualité qu'on apporte des Indes orientales ne font rien, comparés à ceux que l'on fabrique ici.

Peu de villes, proportionellement à fon étendue, ont une aussi grande quantité de tailleurs que Barcelone, cette quantité vient de ce que la majeure partie de l'habillement des troupes Espagnoles tant celles qui font dans le royaume, qu'au dela de la mer, fe fait dans fes murs.

J'ai obtenu par l'interceffion de *Don Miguel*, la permiffion de voir la *Farazana*; c'eft-à-dire l'arfenal, ou le chantier, dans lequel il ne fe conftruit que peu de vaifleaux, & feulement de la plus petite efpece. Mais c'eft l'endroit où le Roi d'Efpagne a fa principale fonderie de gros canons, & où l'on fond prefque tous ceux dont on fe fert dans le Royaume, & tout ceux qu'on envoie à l'Amérique. Il fort encore de cet arfenal toutes fortes de munitions de guerre, tant pour le fervice maritime que pour celui de terre; l'énumeration en feroit trop longue, & trop ennuyeufe.

Il eft près de midi, & *Cornacchini* m'appelle pour diner, pour pouvoir partir enfuite, & faire encore quelques lieues avant la nuit. Nous avons loué en société avec un Ecclésiastique, un Carosse qui doit nous conduire jusqu'à *Antibes* pour vingt-cinq Pistolles. Il sera tiré par six mules, & nous aurons deux hommes robustes pour les conduire. *Baptiste* & le domestique de *Cornacchini* se mettront sur le siege du cocher, vû la quantité de bagage que nous avons avec nous, & la distance qu'il y a de Barcelone à Antibes; il me paroit que cela n'est pas cher. L'Ecclésiastique n'a qu'un petit porte-manteau & point de domestique; en conséquence nous sommes convenus qu'il ne payeroit qu'une bagatelle; nous lui aurions même accordé une place uniquement pour avoir sa compagnie, s'il avoit voulu l'accepter gratis. Jusqu'à présent il nous est parfaitement inconnu étant venu nous chercher dans notre hotellerie où il ne logeoit pas, pour savoir si nous pourrions le prendre dans notre voiture. Il a l'air plus sombre que serain, nous n'espérons pas qu'il soit aussi aimable que mon Chanoine de Siguenza. Je me flatte pourtant, qu'avec le secours de *Cornacchini* nous parviendrons à le rendre gai & sociable quoique sa figure ne semble pas nous le promettre.

LONDRES A GÊNES. 95

Je n'ai plus rien à ajouter au sujet de Barcelone, si ce n'est que la *locanda* ou *l'hotellerie* nommée la *fonda*, est à toutes sortes d'égards la meilleure où j'aie encore logé depuis que j'ai quitté Londres. L'hote est un honnête Milanois, qui fait un gros commerce de vin, & en envoie une grande quantité dans différentes parties de l'Europe. Ses caves sont une des curiosités de cette ville. Il m'a fait payer quatorze reaux par jour pour un bon diné, un bon soupé, & un bon lit. Je ne crois pas qu'il ait beaucoup gagné à ce marché.

LETTRE LXXVIII.

Politesse des Commis de la Douane. Façon de voyager en Catalogne, brodequins de Catalogne. Noms des mules.

Linaz ou Linarez, 31 Octobre au soir,
1760.

PARMI les bienfaiteurs de l'humanité, il n'en est aucun pour lequel j'aie une plus grande vénération, que pour celui qui a inventé les lettres de l'alphabet. Au moyen d'environ deux douzaines de signes, on parvient sans peine à instruire ceux même qui sont encore à naitre, de tout ce qu'on voit, de tout ce qu'on fait : cet art est bien surprenant ! Que bénie soit la mémoire de celui à qui nous le devons ! (14)

J'ai

---

(14) On se rappellera ici sans cette belle définition de l'écriture.

.... cet art ingenieux
De peindre la parole & de parler aux yeux;
Et par cent traits divers de figures tracées,
Donner de la couleur & du corps aux pensées.

J'ai longtemps travaillé à acquérir la réputation d'habile homme dans cet art, & je ne me fens point enclin à croire que mes efforts aient été abfolument inutiles : mais en m'accordant que mon talent dans la combinaifon de ces vingt-quatre fignes, fut même prodigieux, il ne me feroit nullement poffible de compofer une lettre intéreffante, en n'y inférant que le recit de ce que j'ai vu, entendu, penfé, & fait dans l'efpace qu'il y a entre la ville de Barcelone, & le village de Linaz; car je n'ai ni vu, ni entendu, ni penfé, ni fait rien qui mérite la moindre décoration alphabétique : & je vous éviterois la peine d'en lire la rélation, fans l'efpece d'obligation que je me fuis impofée de fuivre ma méthode journaliere de me mettre à écrire toutes les fois qu'il me refte un quart d'heure de loifir.

Nous avons quitté Barcelone un peu après une heure : à la porte par laquelle nous en fommes fortis, les commis de la Douanne s'en font fiés aux affurances verbales que nous leur avons données qu'il ne fe trouvoit rien dans nos malles fujet aux droits de fortie, & nous ont très-poliment épargné le chagrin de voir ouvrir nos malles, & déranger tout ce qu'elles contenoient. Il est dit dans plusieurs voyages imprimés d'Espagne, que les étrangers sont maltraités par cette espece de gens; qui tachent de leur extorquer ce qui ne leur est pas dû; quelle qu'ait pu être leur conduite au temps passé, je peux à présent d'après ma propre expérience certifier qu'elle n'est plus la même: j'ai éprouvé tout le contraire à Badajoz, à Tolede, à Madrid, à Saragosse, & à Barcelone qui sont les cinq Bureaux où j'ai passé. (15)

Nos mules n'ont cessé de troter, & de galoper jusqu'à six heures que nous sommes arrivés à ce village de *Linaz*. Tout le pays que nous avons traversé est beau, & bien peuplé de volailles & de cochons ainsi que d'hommes. Nous avons fait à peu près sept lieues en cinq heures. Je dois vous dire la maniere dont nos muletiers voyagent. L'un d'eux est assis sur le siege du Carosse, non pour

---

(15) Cependant l'auteur s'est plaint précédemment de l'incommodité des Douanniers, de ces fureteurs ennuyeux &c. mais attribuons son indulgence actuelle, à la bonne humeur que lui ont inspirés les honnêtes commis de Barcelonne, & prévenons toujours les voyageurs de ne pas trop compter sur cette honnêteté.

y tenir les rênes ou les brides, qui ne font point partie de l'accoutrement des bêtes: mais seulement pour les frapper avec un long fouet, huer, & crier, pour les faire avancer en droite ligne, tandis que l'autre fait la même chose en courant à côté d'elles. Chaque mule sait son nom, on le lui a appris à force de coups à ce que je m'imagine; & il est surprenant de voir combien elles sont obeissantes à la voix de nos conducteurs, & avec quelle promptitude chacune hâte ou ralentit son pas, & se conforme à la marche des autres, à l'instant qu'on le lui ordonne.

Le drôle qui est sur le siege, saute à terre au bout d'un mille ou d'un mille & demi, & son compagnon y monte avec une agilité comparable à celle d'un chat. Voilà quel sera alternativement leur exercice pendant tout le voyage. Ils ont tous deux des vestes legeres, & des culottes à la matelotte de toile, leurs pieds sont ornés de brodequins Catalans, qui sont composés d'un morceau de cuir qui enveloppe le pied, & est lié au-dessus de la cheville d'une maniere assez singuliere pour quelqu'un qui n'y est pas accoutumé. Je ne pourrai guere me promener en France, si ces drôles vont toujours du train dont ils ont été cet après-midi ; par conséquent je n'aurai pas beaucoup de choses à vous mander ; car celui qui court au lieu de se promener, ne voit presque rien : eût-il les yeux d'Argus.

Voici le nom de nos mules. *Roxa, Fea, Mohina, Parda, Chica, Raposa.* (16)

(16) Ici tout lecteur reconnoissant doit remercier l'Auteur de son exactitude & de sa galanterie. Ne pas oublier jusqu'au nom des Mules ! Certes c'est faire la barbe à tous les historiens & faiseurs de relations. Nous sommes fachés de ne pas trouver aussi le nom des Postillons, car, à tout prendre, l'un vaut bien l'autre. Il est bien étonnant encore que M. BARETTI ne nous ait pas régalé de la généalogie de ses mules, dont les noms sonores annoncent une origine illustre. Un plaisant ajouteroit peut-être que cela seroit digne du narrateur & du pays qu'il d'écrit si savammement. Pour nous, nous rendons de bonne foi justice à la mémoire sublime de l'Auteur ; nous avouons avec honte que nous voyagerions longtemps avant de pouvoir retenir le nom de six mules qui nous auroient traîné une partie du chemin, & nous engageons tous les historiens à venir, à prendre exemple sur ces Lettres, & à connoitre enfin jusqu'où doit s'étendre leur exactitude.

LETTRE LXXIX.

Les grandes montagnes en vue. Aventure qui donne lieu à quelques réfléxions politiques.

Puente Mayor, 1 Novembre 1760.

J'AI eu aujourd'hui pour la premiere fois de ma vie l'honneur de voir le noble aspect des Pyrenées, honneur que j'ambitionnois depuis plusieurs années, ayant oui dire souvent qu'elles étoient les seules rivales que leurs altesses les Alpes eussent, pour leur hauteur, en Europe.

Plus je me suis approché de ces montagnes redoutables, depuis que j'ai traversé la riviere de *Cinca*, plus j'ai trouvé les habitans honnêtes, & respectueux. Presque tous les hommes que je rencontre, m'otent leurs chapeaux, & toutes les femmes me font la révérence. Ni Muletier, ni Mercier, ni Payſan que je trouve mangeant dans les hotelleries où j'entre, ne manque jamais de me montrer le plat qu'il a devant lui d'un air poli, & de me ſupplier de prendre ma part de ſon repas, ſurtout s'il s'apperçoit que mes yeux ſe fixent ſur ce qu'il mange, ou lorſque je lui fais le compliment uſité de grand bien vous faſſe.

Ayant dîné dans un endroit nommé *Las Mallorquinas* nous avons traverſé vers le ſoir *Girone*, & ſommes venus coucher à ce village de *Puente Mayor*.

Girone eſt une grande ville fortifiée, qui m'a parue très-peuplée; elle a de belles promenades publiques, hors des portes, & un territoire qui paroit excellent. C'eſt tout ce que je peux vous en dire, nous n'avons fait que la traverſer ſans nous y arrêter : Mais nous y avons eu une petite aventure, que je crois digne d'être racontée.

Comme nous entrions par l'une des portes, un officier de la garniſon, qui y étoit de garde, nous a dit d'un ton aſſez inſolent, de montrer nos paſſeports, nous regardant d'un air de mauvaiſe humeur, en nous faiſant les queſtions d'usage sur nos qualités respectives, & en affectant de nous fixer avec mépris; ce qui n'a pas laissé que de nous déplaire.

Il est étonnant, que quelqu'un ait l'esprit assez mal fait, pour se rendre désagréable sans aucune espece de raison, & cherche à offenser sans que cela lui soit d'aucune utilité. Cependant, il est certain qu'il y a des hommes dans le monde, qui se conduisent avec une grossiereté marquée, uniquement pour faire appercevoir aux autres, qu'ils sont de véritables brutaux dignes d'être détestés; & qu'ils osent se montrer tels qu'ils sont.

Mon officier est le second Espagnol de son espece, que j'aie encore rencontré. Vous souvenez-vous du vieux Colonel de St. *Pierre* (17). Ce Colonel étoit le premier. Le plus impudent des deux étoit sans contredit l'officier, qui outre son absurde malhonnêtété à notre égard, a pris la liberté de donner un coup de pied à l'un de nos muletiers, seulement parce qu'il témoignoit quelque impatience de ce qu'il nous arrêtoit plus longtemps qu'il

(17) *Voyez Lettre XLII. Tome III.*

ne falloit pour lire nos passeports, tandi[s]
que la nuit approchoit, & que nou[s]
avions encore deux lieues à faire.

L'insolence de cet officier ainsi qu[e]
celle du vieux Colonel de St. Pierre m[e]
font penser que les militaires s'arrogen[t]
plus de pouvoir qu'ils n'en ont réelemen[t]
dans ce pays ce qui arrive aussi assez com-
munément dans plusieurs autres: dans notre cher Piémont, par exemple, souven[t]
les formidables enfans de Mars osent abuser du privilege de leur place, & traite[r]
durement les gens du commun, uniquement parce qu'ils sont assurés de l'im-
punité.

Quelle différence entre ces pays, &
l'Isle de la Grande Bretagne, où ni Colonel, ni Capitaine, ni aucune personne,
quelque soit son rang, n'ose menacer le
moindre plébéien, ni le traiter avec l'in-
dignité que l'Officier de *Girone* à traité
notre muletier, ou le Colonel de St. *Pierre* nos Calesséros!

Jusque là, me direz-vous, les Anglois
ont raison, & se comportent mieux que
les Espagnols & les Piémontois: jusque-
là la constitution de cette nation devroit-
être celle de toutes les autres. Mais
cha-

chaque Médaille a son revers, comme l'on dit, & pour contrebalancer cet avantage, les Anglois ont un désavantage qui seroit aussi insupportable aux Espagnols & aux Piémontois, que la conduite arbitraire de l'officier Espagnol envers le muletier le seroit à un Anglois.

Le désavantage dont je veux parler, est que la populace en Angleterre fait trop peu de cas des gens au-dessus d'elle, & paroit n'avoir aucune considération pour ceux qui dans d'autres pays sont regardés, & distingués comme tenant le premier rang. La populace Angloise ne forcera que trop souvent un seigneur qualifié, à pousser un cri ridicule en faveur d'un Candidat, lors d'un élection, & renversera un gentilhomme dans la boue, ou lancera des pierres contre son carosse, ou cassera ses vitres, si elle apprend qu'il n'est pas du parti, qu'un pur hazard, ou son goût pour le tapage, ou toute autre cause aussi importante, lui a fait épouser le jour ou la semaine précédente. La populace Angloise arrêtera la voiture d'une Dame allant au bal, & la forcera avec une violence arbitraire à se démasquer, afin de pouvoir la voir tout à son aise : grossiéreté que personne ne sauroit approuver, à moins que d'être enthousiaste & partisan des abus & des irrégularités nationales les plus barbares. Quelle nécessité y a-t-il de citer, des exemples de l'irréverence & du mépris avec lesquels les petits traitent les gens en place, en Angleterre ? On n'en connoit qu'un trop grand nombre, qui produiroient sur l'esprit d'un Espagnol le même effet que la conduite de l'officier d'aujourd'hui a produite sur le mien.

Telle est la perversité de la nature humaine & il ne sera jamais possible à la sagacité & à la prudence de former un Code de loix, capable de contenir les grands & les petits dans leurs justes bornes & de placer le pouvoir dans un juste équilibre, aussi éloigné de la tyrannie que de la licence. Confiez aux gens du premier rang quelque portion du pouvoir arbitraire, vous les rendrez fiers, & oppresseurs : d'un autre côté, quelle sera la conséquence de la diminution de la distance qui se trouve entre les grands & les petits par le moyen de loix tendantes à abolir toute distinction, & qui voudroient par ce moyen adoucir l'amertume naturelle de la vie que mene la multitude? c'est qu'elle ne tardera pas à devenir entreprenante; elle sera mal affectionnée, & peu respectueuse; même elle se montrera tyrannique en plusieurs occasions. Lequel de ces deux maux vous paroit le plus supportable, l'insolence des grands envers les petits, ou celle des petits envers les grands?

Bastien, ais-je dit au Muletier pendant que nous étions à souper: je dois vous remercier de votre prudence à n'avoir fait aucune attention à la brutalité du Capitaine de *Gironne*. (18) Si vous en aviez témoigné du ressentiment, qui sait comment les soldats, qui étoient de garde, nous auroient traité, & combien il nous auroient retenus à cette porte?

(18) Cette ville, dont on vient de parler plus haut, est la capitale d'une Viguerie fort grande dans la Catalogne & le siege d'un Evêché. Les François la prirent en 1794 & la rendirent par la paix de Riswick; les Miquelets la prirent en 1705 le Maréchal de Noailles en 1711. Elle est sur une colline au bord de la petite riviere d'Onhal. Quoique cette ville ne soit pas grande, le commerce y est très-florissant. Son église fut fondée, en 247, ce qui la fait regarder comme très-ancienne.

Quant à moi, a dit Baptiste en colere, & m'interrompant, si l'officier m'avoit traité comme il a traité *Bastiano*, je lui aurois lâché un coup de pistolet.

Hablas comoloco, a dit, *Bastiano*.

Baptiste ais-je dit, votre ami *Bastiano* prétend que *vous parlez comme un sot*. Mais, je vous prie, Monsieur le Bravache, de quel pistolet auriez-vous fait usage pour tuer cet officier? Avez-vous oublié que vous avez perdu à *Saragosse* le seul qui nous restoit depuis que l'autre nous a été volé parles soldats à *Talavera*? Mais écoutez, mon ami *Bastiano*. Je dis, que j'approuve fort la modération que vous avez montrée à *Gironne*, c'est pour vous en récompenser que le seigneur *Cornacchi* & moi avons résolu de vous faire ce petit présent: par votre prudence vous nous avez évité de l'embarras: & cela mérite quelque chose de notre part. Continuez à en agir de même jusqu'à la fin du voyage, évitez avec le plus grand soin de vous mêler non plus que nous dans aucune querelle, & lorsque nous serons arrivés à Antibes, nous ne vous oublierons pas non plus que votre compagnon: ne faites aucune attention à cet étourdi de François, qui bavarde, fait le rodomont, & tranche des montagnes, parce qu'il n'a pas votre bon sens, & votre sens froid chrétien.

Cette courte exhortation, que j'ai crue nécessaire à la veille de notre entrée en France, produira, j'espere un bon effet sur l'esprit de nos deux Muletiers; chez lesquels j'ai cru remarquer quelque antipatie nationale, dont aucun voyageur ne doit être entiché personnellement, & qu'il doit empêcher par toutes sortes de moyens ses gens de manifester.

LETTRE LXXX.

Hotellerie brulée. Paſſage des Pyrenées à la clarté de la Lune. Arrivée à Perpignan.

Fitou 3 Novembre 1660.

Nous ſommes arrivés hier à cinq heures du ſoir à la *Jonquiera*. Chétif village, & le dernier de ce côté de l'Eſpagne une heure après nous avons traverſé une riviere peu conſidérable, ſur un pont, dont une moitié appartient à l'Eſpagne, & l'autre à la France. Depuis ce pont nous avons monté par un chemin eſcarpé, & une heure après, nous avons eu une vue imparfaite d'une forterelle, nommée *Bellegarde* (19) que l'on prétend être imprenable parce qu'on ne ſauroit en approcher? Si elle eſt réelement in-

---

(19) Place forte dans le Rouſſillon au-deſſus du col de Pertuis ſur la frontiere de Catalogne : les Eſpagnols la prirent en 1674. Le Maréchal de Schomberg la reprit l'année ſuivante. Elle a été fortifiée de nouveau, après la paix de Nimegue en 1679.

approchable, il est certain qu'elle doit être imprenable.

Nous nous sommes arrêtés à fort peu de distance, de cette forteresse, sur une petite plaine environnée de rochers aussi hauts que les clochers les plus élevés. Nos muletiers nous avoient assurés que nous y aurions un excellent soupé, & de bons lits. Mais le malheur a voulu que l'hôtellerie ou nous comptions trouver tout cela fût incendiée, depuis huit jours le feu y avoit pris par accident; & elle avoit été presque entiérement consumée, de sorte que le bon soupé, sur lequel nous comptions, s'est réduit à un morceau de pain, & de fromage: & quand aux lits, nous avons trouvé moyen d'en arranger un dans une chambre toute découverte, dans lequel nous avons placé notre gentil musicien, comme étant le plus délicat de la compagnie, à condition qu'il nous chanteroit un air avant que de s'endormir. Nous nous sommes après cela couchés dans le même appartement, sans nous deshabiller, sur quelques bottes de paille, que nous nous étions procurées d'une écurie voisine.

A quatre heures du matin je me suis reveillé, & comme mon lit n'étoit pas des meilleurs je n'ai pas jugé à-propos de me tourner de l'autre côté ; je me suis levé, & j'ai passé dans un autre endroit sans toit qui portoit il n'y a que huit jours le nom de cuisine. Le pauvre hôte ruiné s'y trouvoit avec sa femme & son fils, préparant le déjeuné des Muletiers. J'ai prié cet enfant de venir me montrer le chemin, me proposant de gagner à pied la ville voisine, & d'y attendre la voiture. La lune, quoique sur son déclin donnoit encore assez de clarté pour appercevoir plusieurs éminences, d'où je voyois assez pour pouvoir me former une idée des lieux inaccessibles & des précipices au travers desquels on avoit tracé une route aussi large & aussi commode que si elle avoit été tracée au milieu d'une plaine : ce chemin doit avoir couté des sommes considérables.

Je ne saurois exprimer la satisfaction & la sombre mélancolie que j'ai éprouvée en parcourant l'immense majesté de ces redoutables montagnes, il me seroit aussi impossible de vous rendre compte des idées philosophiques & peu suivies qui m'ont passé par la tête, environné comme je l'étois de cette vaste solitude. J'avois éprouvé quelques sensations du même genre, &

aussi difficiles à expliquer, lorsque le Royaume d'Angleterre devint un terrein qu'on pouvoit à peine reconnoître, & qu'une ondulation extraordinaire ne présentoit à mon esprit d'autre idée que celle de l'eau.

Il étoit grand jour lorsque je suis arrivé au village de *Boulon*, désespéré par une faim canine; qui je crois n'auroit pas tardé à se tourner en rage, si un Cabaretier ne m'avoit secouru d'abord en me donnant à manger. Il est surprenant à quel point la digestion est facilitée par l'air vif des hautes montagnes: il y avoit si longtemps que j'en connoissois les effets que je ne suis pas excusable d'avoir oublié de mettre un morceau de pain dans ma poche.

C'est de cette maniere que j'exécutai le passage des pirenées, qui dans toute leur longueur ne sont nulle part aussi étroites qu'entre le pont de la *Jonquière* & le village de *Boulon*, l'espace qui se trouve entre l'un & l'autre n'étant que de trois lieues: je voudrois bien qu'il dépendit de moi, de les parcourir toutes entieres de la même façon que j'ai fait, depuis l'hotellerie incendiée jusqu'à *Boulon*, & de m'instruire à fond de leur nature & de leurs productions ; & ce qui me donneroit encore une plus grande satisfaction seroit de connoître par moi même les différens langages, & les usages de leurs habitants! Une exacte description de ces montagnes d'une mer jusqu'à l'autre, seroit selon moi une des plus intéressantes & des plus curieuses que l'on ai encore publiées : mais *non omnia possumus omnes*. Les souhaits & les projets des hommes sont toujours fort au-dessus de leurs forces.

A la fin, nous avons laissé l'Espagne derriere nous, & j'en serai bientôt assez éloigné pour ne pouvoir pas même discerner les sommets les plus élévés de ces montagnes qui la séparent de la France. Mais avant que je sois à une plus grande distance, de ces masses énormes, permettez que je vous entretienne encore un instant des Espagnols, & que je condamne, & abjure les idées peu avantageuses que je m'étois formées de cette nation, longtemps avant que j'entreprisse ce Voyage.

Je m'étois imaginé sur la foi de plusieurs livres, que l'on ne rencontroit dans toute l'étendue de cette vaste Monarchie, que paresse & superstition, accompagnées de fierté & d'impertinence. J'avois lu que les grands d'Espagne, & la premiere Noblesse, étoient élevés d'une maniere si singuliere, qu'ils croyoient honteusement déroger lorsqu'ils s'appliquoient à quelque étude particuliere ; qu'en conséquence l'ignorance chez la plûpart étoit parvenue au point qu'à peine pouvoient-ils lire les ouvrages composés dans leur propre langue ; & qu'ils ne connoissoient même qu'imparfaitement la valeur de leurs monnoies.

J'avois lu, que parmi les gens du second ou moyen ordre l'étude n'étoit pas tout à fait méprisée ; mais que sur dix personnes il s'en trouvoit neuf qui portoient de grandes lunettes même au logis ; afin de faire croire à ceux qui les voyoient qu'ils étoient fort savans ; & qu'ils avoient acquis leur science enpartie aux dépens de leur vue. Quand à ceux qui composent la populace j'aurois presque fait serment, qu'il ne se trouveroit pas un seul homme sur mille, qui eût assez de génie pour faire un simple bouton, je ne m'attendois pas non plus à rencontrer un seul paysan qui fût assez habile dans la culture des terres, pour savoir comment il falloit fumer un champ, creuser un fossé, traire une vache, ou tailler un saule.

Telles étoient, ou à peu près telles feront les idées que se formeront ceux, qui ajouteront une foi implicite à la plus grande partie des relations composées par des voyageurs, qui ont parlé de l'Espagne & de ses habitants. Vous verrez par vous même le cas que je fais de ces idées lorsque vous aurez fini de lire ce journal, & pésé le degré de probabilité qui se trouve dans les détails que vous y trouverez. J'espire que vous n'aurez aucune raison de dire, qu'ils ont été dictés par le préjugé, la bigoterie, ou la mauvaise foi.

Le Carosse est arrivé à *Boulon* précisément comme je finissois de déjeuner, & les commis étoient prêts à visiter nos valises, ou plutôt à recevoir quelque argent pour nous épargner la peine de les ouvrir. Conformément à l'usage François ils les ont plombées: avec cette précaution les voyageurs sont dans le cas de traverser tout le Royaume s'ils le jugent à-propos, sans être molestés dans les autres Bureaux, à moins qu'ils n'arrachent ces plombs.

Nous avons continué au trot notre route pour *Perpignan*, qui est la capitale du Roussillon, je ne saurois en rien dire, n'y étant point entré; parce que nous nous sommes arrêtés dans le faubourg où nous avons dîné. Elle est fortifiée, & a une Citadelle, qui est située sur une éminence voisine, où l'on montre une guérite placée au coin d'un bastion, où l'Empereur Charles V. faisant seul une nuit la ronde trouva une sentinelle endormie qu'il poussa dans le fossé, & y resta en faction à sa place jusqu'au moment où on vint le relever.

J'aurois eu envie de voir la Cathédrale de Perpignan, que l'on m'a dit être un des plus vastes édifices gothiques qu'il y eût en France, je n'en ai pas eu le temps.

Pendant toute l'après dinée nous avons eu le plus beau chemin qu'il y ait au monde, & nous sommes arrivés au soleil couchant à ce village de *Titou* Le langage de *Roussillon* est tout aussi difficile à entendre que le Catalan : nous n'avons trouvé personne à l'hôtellerie de Perpignan qui sçût le François ou l'Espagnol.

LETTRE LXXXI.

Nouvelle méthode adoptée. Légère mention de plusieurs endroits.

Beziers 4 Novembre 1760.

Q UOIQUE je me trouve encore à neuf cent ou mille milles de la maison paternelle, vous devez regarder mon journal comme étant sur sa fin, ne nous arrêtant nulle part assez longtemps pour pouvoir rien observer, & faire des recherches.

La France d'ailleurs a été visitée par tant de voyageurs, & chacune de ses parties si souvent, & exactement décrites, qu'il seroit très-difficile pour moi de découvrir de nouveaux objets dignes de remarque, & faire de nouvelles additions à ce qui a été dit dans plusieurs livres; eussais-je même tout le loisir nécessaire pour regarder, & inspecter tous les lieux par où nous passons, surtout ignorant le langage qui se parle dans le Roussillon, & le Languedoc.

En conséquence, je me propose, de m'exempter pendant plusieurs soirées de mes écritures ordinaires, & de rester sans rien faire jusqu'à ce que je rencontre quelque chose qui me paroisse mériter d'être le sujet d'une lettre. Je noterai cependant le nom des lieux où nous passerons successivement ; & ferai même de legéres remarques sur quelques uns d'eux ; précisément comme elles se présenteront ; plutôt pour me servir de mémorial à moi même, que dans la vue ordinaire de vous donner quelque lumiere à cet égard. Voici un échantillon de la nouvelle méthode que je me propose de suivre dans la continuation de mon itinéraire.

4 Novembre. Dîné à Narbonne, & soupé à Beziers.

Narbonne, ville considérable, séparée en deux par un Canal artificiel, que l'on a tiré de la riviere *Aude*. Ce Canal est navigable pour des bateaux du port de trente à quarante tonneaux. Par le moyen de ces bâteaux les habitans de Narbonne peuvent faire quelque commerce, leur Canal communiquant tant avec la mer, qu'avec le célebre *Canal de Languedoc*.

Les curiosités des Narbonne sont, la Cathédrale, & le palais de l'Archevêque, un College nommé le *féminaire*, & je ne fais quoi d'autre. Mais ce qui m'a paru très remarquable, font les jupes courtes des femmes, qui defcendent à peine au-deffous des genoux. Notre Compagnon Andalous a paru tout à fait choqué de cette mode. Narbonne eft dans une fituation défagréable, elle eft dans un fonds entourré de montagnes que l'on regarde comme récréatives & fertiles.

Beziers, petite ville, fituée fur une éminence, d'où l'on découvre une vue charmante ; je n'ai rien vu qui fût digne de remarque. A l'exception d'une groffiere ftatue de pierre, qui eft celle d'un vigoureux perfonnage, qui du temps *de la pucelle* défit feul une armée Angloife.

Novembre 5. Diné à *Pézenas*, & foupé à *Gigean* ; *Gigean* n'eft rien : *Pézenas* eft une petite ville, auffi agréablement fituée qu'on puiffe fe l'imaginer : tout auprès de cette ville fe trouve la *Grange des près*, que l'on affure être la plus belle maifon de tout le Languedoc : elle appartient à un Prince du fang, qui ne l'habite jamais.

Novembre 6. Diné à *Montpellier* & foupé au *Pont de Lunel*.

Mont-

Montpellier, nommé en latin *Monspuellarum* la *montagne des filles*, parce qu'elle a été fondée dans le voisinage d'un hermitage habité par quelques saintes filles. Mais nos filles modernes (disent les plaisans de Montpellier) s'embarassent plus d'instruction que de sainteté; & sont en général si bien éduquées qu'il leur reste peu de chose à apprendre le jour de leurs noces.

La ville est laide & irréguliere, elle a un grand nombre d'apotiquaires, de chymistes, & de charlatans de toute espece, qui remplissent l'univers d'Alkermès, de Mithridate, de Thériaque, d'Eaux, d'Huiles, de Sirops, de Pomades, de Parfums, & d'autres drogues de cette espece. L'on dit que le jeune Scaliger préféroit Montpellier à toutes les autres villes de France, pour l'agrément de sa situation, la pureté de l'air, & l'esprit social de ses habitans. Je n'ai rien à dire contre les deux premiers avantages de cette ville; mais comment pouvoit-on se récrier sur la sociabilité de ses habitans, dans le temps justement que le Calvinisme & la discorde causoient les plus grands désordres parmi eux, & donnoient lieu aux scenes les plus sanglantes dans tout le Languedoc?

Les environs du *Pont de Lunel* produisent un vin muscat, qui a de la réputation.

Novembre 7. Le matin, passé près de Nimes: nous avons apperçu (de la voiture) un côté de son amphithéâtre. Diné à *Tarascon*, & soupé à St. *Remy*.

Les habitans de Tarascon disent que leur ville tire son nom d'un serpent, nommé *Tarasca*, que *Ste. Marthe*, sœur de Ste. *Marie Magdeleine* avoit apprivoisé. On appelle en Espagne *Tarasca* un gros serpent factice, & un énorme géant de bois, que l'on porte les jours de fêtes à la tête des processions. La ville de *Tarascon* & celle de *Beaucaire* sont vis-à-vis l'une de l'autre, le Rhône coule entre deux. Elles sont jointes par un pont.

8 Novembre. Diné à *Orgon* & soupé à *Lambès*.

Deux petites villes, appartenant au *Comte de Brionne*. Grand Seigneur François qui vit à Paris.

9 Novembre. Diné à la *Puisiere*, & soupé a St. *Maximin*.

A St. *Maximin* nombre de reliques sont gardées dans la chapelle souterraine d'une Eglife confacrée au faint qui a donné fon nom à la ville.

Voici quelles font les plus confidérables de ces reliques.

Une *fiole que l'on prétend contenir du fang de notre fauveur*, receuilli fur le mont Calvaire par Marie Magdeleine, & apportée par elle dans cette partie du monde.

La *tête de Marie Magdeleine*, où il ne manque qu'une feule dent, volée par un Archeveque, & portée à Toulouse.

Les deux coudes de Ste. Marthe, fœur *de Marie Magdeleine*, qu'elle accompagna en Provence après la mort du fauveur, elles furent fuivies par St *Maximin* qui étoit un des feptante Difciples.

Les os des bras & les côtes de la chafte Sufanne, cum multis aliis.

Quoiqu'il fût tout à fait nuit lorfque nous fommes arrivés à *St Maximin*, le prêtre Andalous & moi avons trouvé moyen d'engager un Dominicain à nous faire voir l'Eglife. Elle eft beaucoup plus vafte qu'aucune que nous ayons à Turin; antant que j'ai pu en juger à travers l'obfcurité, foiblement diffipée par la lumiere d'une lanterne que nous avions avec nous, & de deux ou trois lampes allumées, pendues au devant de même nombre d'autels.

Etes-vous fûr (ais-je dit au moine) que ces reliques foient authentiques?

Tout le monde ici (m'a-t-il répondu) le croit comme un article de foi.

Le grand commerce de St. *Maximin* ainfi que celui de *Lorette*, confifte en chapelets de verres, que les femmes de la ville obligent les étrangers à achepter, qu'ils en aient envie, ou non. Un nombre de ces femmes eft entré dans ma chambre à l'hotellerie, j'ai été forcé malgré mes dents de les débaraffer d'un rofaire. Heureufement il ne m'en a couté que quelques liards; elles m'ont prodigué au moins pour un Louis d'or de flatteries.

10 Novembre. Nous avons été incommodés toute la journée d'une forte pluie; qui a inondé le chemin de maniere que nous aurions été en danger, fi nous n'avions pas payé plufieurs payfans pour foutenir le caroffe, & l'empêcher en plufieurs endroits de verfer. Nous avons eu un mauvais diné à *Bagnoles* & un plus mauvais foupé à *Luc*.

LETTRE LXXXII.

Lieu favorisé une fois de la présence de César-Epicurien Andalous, & savant Cabaretier.

Fréjus, 11 *Novembre* 1760.

La pluie a continué avec tant de violence depuis notre départ de St. Maximin, qu'elle nous a retenus jusqu'à midi tout à fait renfermés dans la misérable hôtellerie de *Luc*. A midi le ciel s'étant un peu éclairci, nous nous sommes mis en route, & avons fait six lieues sans nous arrêter : ce qui nous a conduit à cette petite ville de *Fréjus*. La majeure partie du chemin étoit entierement sous l'eau, ce qui, à ce que l'on m'a dit, arrive toutes les fois qu'il pleut un jour entier; à cause du grand nombre de torrents, qui se joignent à la descente des montagnes voisines; de sorte que nous avons été obligés une seconde fois de prendre des paysans avec nous, quelques-uns pour nous précéder dans l'eau, & montrer le chemin aux Muletiers, d'autres pour rester à nos côtés, & soutenir le carosse en cas d'accident. Sans cela il auroit été impossible d'aller en avant sans risquer d'être versés.

Mon hôte de *Fréjus*, qui se pique de littérature, m'a montré ses livres pendant qu'on nous préparoit à souper; il m'a appris qu'on trouvoit dans cette ville les restes d'un amphithéâtre, & d'un aqueduc, tous deux bâtis à ce qu'on prétend, par *Jules César*, qui y a fait quelque séjour, & lui a donné son nom, l'appellant *Forum Julii*, dont on a fait par la suite *Fréjus*. César, a continué le savant cabaretier, avoit coutume d'y entretenir une flotte formidable; car *Forum Julii* étoit de son temps une ville maritime, & non un pauvre bourg, telle qu'elle est à présent. Il y a déjà du temps que la mer se retire de nous, elle est actuellement éloignée d'une demie lieue; de sorte que les vignes & les oliviers croissent à présent aux mêmes lieux où les *triremes* & les *quinqueremes* avoient coutume de jeter l'ancre.

Il étoit tout à fait nuit à notre arrivée : ainsi au lieu d'aller visiter ces anciens vestiges, nous nous sommes mis à manger un soupé moderne, que *Cornacchini* & moi avons trouvé excellent. Notre compignons Andalous n'en a pas jugé de même, il l'a trouvé exécrable : il paroit avoir conçu en naissant une aversion mortelle pour les turbots & les pigeons. Il n'a voulu goûter ni de l'un, ni de l'autre, parce qu'aucun des deux n'étoit assaisonné avec ce beure salé que les Flamands envoient en gros barrils dans son pays. Pauvre homme ! Il a mené une vie fort austere depuis notre entrée en France, où il est impossible de se procurer des pois chiches cuits avec des oignons, de la morue étuvée dans l'huile avec de l'ail, & des olives pourries en guise de dessert. Les gouts des hommes sont si différens, que ce qui est un mets exquis pour l'un, paroît du poison à l'autre. Grace à mon heureuse étoile j'ai un palais tel que doit l'avoir celui qui aime à voyager : un palais universel qui ne redoute aucune des choses auxquelles on peut avec quelque apparence de raison donner le nom de comestibles. Qu'il soit seulement l'heure de diner, & je ferai fort peu de différence entre les *Maccaronis*, & l'*Aloyau*, les harangs & les grenouilles, l'*Olla* & de la *Choucroute*. Je suis un vrai Cosmopolite sur l'article de la table.

Tome IV.   F 4

LETTRE LXXXIII.

Vestiges d'un Aqueduc. Sagesse des Romains. La Madronno. Ile Ste. Marguerite. Situation d'Antibes.

Antibes, 12 Novembre 176-

AYANT quitté Fréjus ce matin à la pointe du jour, nous avons bientôt apperçu, des deux côtés du chemin, plusieurs vestiges de l'Aqueduc Romain dont le savant antiquaire notre hôte nous entretint hier: ces vestiges ont quelque chose de rural & de majestueux; ils sont richement décorés d'arbrisseaux & de plantes sauvages de différentes especes, surtout de lierre d'une grandeur extraordinaire.

Cet Aqueduc, à en juger par ses ruines, s'étendoit fort loin dans la campagne, & conduisoit l'eau de quelque source ou de quelque riviere éloignée, dont on ne trouve plus aucune trace. Cet ouvrage est une des preuves les plus incontestables de la sagesse des Romains,

qui

qui en construisoient plusieurs de la même espece dans tous les lieux de leur vaste Empire, où ils étoient nécessaires pour fertiliser les terres qui en étoient le moins susceptibles. De cette façon ils faisoient cesser la stérilité, dans les déserts mêmes les plus incultes: & par tout où ils pouvoient conduire des eaux par le moyen d'un aqueduc, aucune terre ne restoit en friche; & c'est selon moi, la véritable raison pour laquelle l'Espagne lorsqu'elle étoit sous leur domination avoit plusieurs millions d'habitans de plus qu'elle n'a aujourd'hui ; parceque le sol fécondé par différentes eaux conduites dans toutes ses provinces, produisoit assez de quoi nourrir beaucoup plus de gens qu'il ne fait à présent. On pourroit dire la même chose de plusieurs autres pays, qui étoient alors, à ce que rapporte les historiens, la gloire de l'Univers, & qui se trouvent actuellement presque dénués d'habitans. L'acquisition de la meilleure province de France, n'ajouteroit peut-être pas autant de pouvoir & de richesse intrinsèques & ne contribueroit pas d'avantage à l'accroissement des forces de la Monarchie Espagnole, qu'un aqueduc pareil à celui de Ségovie, qui passeroit par les parties intérieures du Royaume, & parcoureroit seulement cinquante lieues de pays.

A environ trois lieues de Fréjus, nous avons commencé à monter plusieurs éminences qui se succedent, & deviennent graduellement plus considérables pendant deux heures; ensuite nous avons descendu deux autres heures, au bout desquelles nous avons trouvé la petite ville de *Cannes*, où nous nous sommes arrêtés pour dîner. Il seroit difficile de donner une juste idée de la beauté de ces montagnes, partie cultivées, & partie en friches. Ce délicieux espace de terre offre des vues charmantes & variées. Parmi les différentes plantes, & les divers arbrisseaux qui croissent sans culture de tous côtés, le plus remarquable est une espece de laurier, qui produit une baye très-singuliere, presque aussi grosse qu'une noix, d'une forme parfaitement globulaire, verd de pois lorsqu'elle n'est pas mure, & écarlate dans sa parfaite maturité. Sa peau est tachetée, comme celles des fraises, vous ne sauriez vous imaginer combien elle est agréable à la vue dans cet état de perfection. J'en ignore le nom, n'en ayant jamais vu auparavant. Notre Eccléfiaftique affure qu'elle abonde dans toutes les Montagnes d'Andaloufie, où on la nomme *Madronno*, & ajoute, que les payfans s'imaginent que fi l'on en mangeoit en quantité, elle enivreroit. J'en ai pourtant mangé une douzaine, fans qu'elles aient produit cet effet. Mais je les ai trouvées auffi fades que peu nuifibles, fi l'on cultivoit cette plante dans les jardins ; ce feroit un nouvel ornement qui ne les dépareroit pas dans cette faifon.

Des fenêtres de notre hôtellerie à *Cannes*, nous avons apperçu la petite Ifle de *Sainte Marguerite*, défendue par un fort dans lequel plufieurs prifonniers d'Etat ont fini leurs jours dans une trifte captivité. Après diné, en fuivant les bords de la mer, nous fommes venus à *Antibes*. Nous avons été obligés de donner une compte exact de nos perfonnes, à la porte par laquelle nous fommes entrés, à un Officier qui y étoit placé avec charge expreffe d'examiner ceux qui entrent, & qui fortent : dans cette circonftance tout eft fufpect. Quelques vaiffeaux Anglois ont paru à la hauteur des ifles *d'Hieres*, & ont allarmé toute la côte.

Antibes est situé sur une langue de terre, qui s'avance dans la mer, & forme une espece de péninsule. La pleine mer vient se briser contre son côté méridional; au côté Occidental est une large Baye, dans laquelle il n'est point de flotte qui ne puisse être à l'abri des vents de terre; le côté Oriental, qui est situé vis-à-vis de Nice, forme un excellent port à l'aide d'un long môle bâti avec de larges pierres; & le côté du Nord de la ville est entouré d'une chaine de Montagnes.

Ces Montagnes sont très-fertiles, & produisent d'excellent vin & de l'huile en abondance: mais elles commandent si absolument la ville, qu'elles rendroient les fortifications inutiles, dans le cas ou elle seroit vigoureusement attaquée du côté de terre. Une batterie de vingt canons seulement, détruiroit à ce que j'imagine, en très-peu de jours, les trois grands bastions qui la défendent de ce côté, malgré les Cavaliers très-élevés qui sont derriere, & le château défendu par quatre bastions qui est vis-à-vis le port. Je ne comprends pas comment dans la derniere guerre les troupes Allemandes jointes aux nôtres, ont pu ne pas s'en emparer, après avoir été pendant quelques jours maîtres des hauteurs. Je m'imagine que le manque d'un train d'artillerie de siege fit échouer cette entreprise.

Notre bagage vient dans l'instant d'être embarqué à bord d'une felouque que nous avons frétée pour *Gênes*, le Gouverneur nous a promis nos passeports & billets de santé pour demain. Plaise à Dieu, que le vent puisse cesser cette nuit, ainsi que la forte pluie qui ne nous a point quittés depuis *Cannes* jusqu'ici. Je suis impatient d'être en route pour *Nice*, & d'avoir la terre Italienne sous mes pieds: nous pourrions aisément y être rendu demain au soir: ce trajet n'est pas de plus de seize milles. Mais une violente tempête, qui exerce sa furie depuis vingt-quatre heures, nous retiendra peut-être ici quelques jours ; nous ne saurions faire le Voyage par terre puis que l'on a apporté ce matin la nouvelle, que le pont du Var, qui sépare les Etats de notre Roi, de la France, a été emporté cette nuit par une forte inondation des Montagnes.

LETTRE LXXXIV.

Navigation courte, mais effrayante, Dangereux Savetier. Secours venu à-propos. Montalban & Ville Franche. *Belle vallée. Simplicité d'un jeune homme de* St. Remo.

Nice 14 Novembre 1760.

J'AI couru risque une ou deux fois dans mes différents voyages de perdre la vie, mais je n'avois point vu encore la mort d'aussi près que hier dans l'après midi que nous avons quitté *Antibes*, & tandis que nous étions en route pour *Nice*, dans une felouque montée de douze rameurs.

Il étoit près de midi lorsque nous sommes sortis de cette rade. Le vent ayant beaucoup diminué de la violence avec laquelle il avoit souflé pendant toute la nuit. Il est vrai que la mer étoit toujours fort grosse, & que le *Patron Antoine*, qui étoit le maître de la felouque, étoit d'avis de ne partir que lorsqu'il seroit tout à fait apaisé. Mais un excès déplacé d'impatience m'a fait insister pour le départ, & je suis parvenu au moyen d'un *Louis d'or* que je lui ai promis, de plus que le prix convenu, de le décider à se rendre à mes instances.

A peine étions-nous avancés de quatre milles qu'un furieux *Libeccio*, ou vent du sud, nous est tombé dessus le corps, chassant de si grosses vagues du côté de terre, que nos gens ont parus tout pensifs, & ont continué à râmer dans le plus morne silence.

Je ne veux point remplir ma lettre de la pompeuse description de la tempête dont nous avons été assaillis & que nous avons cru à chaque moment devoir nous faire périr. Il suffira de vous dire, qu'en tirant pendant trois heures fortement à la rame, & tachant de ne pas nous approcher de terre, nous sommes arrivés à la vue de *Nice*. Au moyen de ma longue vue j'ai vu les deux côtés de la rade couverts de monde, qui, à ce qu'on m'a dit depuis, nous regardoient avec admiration, persuadés que nous ne tarderions pas à aller nous briser contre un écueil nommé le *Savetier* (Il Ciabattino) qui est à environ un demi mille de la rade ; voyant que le vent nous y pouſſoit malgré nous, & que nous n'avions pas un équipage aſſez conſidérable pour pouvoir nous faire prendre une direction contraire à celle que nous ſuivions.

Mais ce qui rendoit notre ſituation déſéſpérée, étoit, que ces gens, incapables de concevoir qu'on eût pu être aſſez téméraires pour ſortir *d'Antibes* par un ſi mauvais temps, ſe mirent dans la tête, qu'il falloit que nous fiſſions partie de l'équipage de quelque pirate de Barbarie ſéparé par accident de ſon vaiſſeau. D'après cette ſuppoſition ils s'imaginerent qu'à tout événement nous avions réſolu de gagner terre, & de nous dévouer à une captivité inévitable, plutôt que de périr en nous obſtinant à tenir la mer avec un auſſi frêle bâtiment.

Dans cette idée, qui prévalut ſur le champ dans tous les eſprits, aucun d'eux ne penſa pendant aſſez longtemps à venir à notre ſecours, comme ils auroient fait s'ils avoient pu s'imaginer que nous n'étions pas ce qu'ils nous croyoient. Nous conſidérant donc comme un petit nombre de voleurs Africains ; ils nous abandonnerent à nous mêmes ; perſuadés ainſi qu'on l'est tout le long de cette côte, que les pirates *Barbaresques* ont toujours la peste à leur bord ; ce préjugé empêche que personne ose jamais se hazarder à les secourir, toutes les fois qu'il arrive (ce qui est très rare) qu'une de leurs petites Barques soit apperçue à une petite distance dans un état de détresse pareil à celui où nous étions alors. Personne ne cherchant volontairement à s'exposer à une ennuyeuse quarantaine, qui est inévitable, dans le cas même où l'on n'auroit fait que parler à un bâtiment qui ne seroit pas pourvu d'un *billet de santé*, surtout s'il appartenoit à l'un des Etats Barbaresques.

Le *Patron Antoine* ; devinant bientôt ce qui se passoit, commençoit à désespérer de notre délivrance ; ce qui ne l'a pas empêché de faire des signes avec son chapeau, dès qu'il a cru que nous pouvions être apperçus de terre, & a tâché par ce moyen d'engager à venir nous secourir. Mais le mauvais temps, & l'agitation extraordinaire de la mer a empêché pendant quelque temps que les gens qui étoient à la côte nous apperçussent distinctement, en conséquence ils ont été longtemps sans faire le moindre mouvement en notre faveur ; nous approchions assez promptement pendant cet intervalle du lieu où nous devions trouver notre perte inévitable. A la fin il a plu à Dieu, de permettre qu'ils aient reconnus nos vêtemens Européens, surtout l'habit rouge de *Cornacchini* avec un galon d'or. Dès l'inftant qu'ils ont été convaincus que nous n'étions pas Africains, une barque montée de vingt quatre rameurs eft venue à nous & nos gens qui l'ont vue venir, ont repris affez de courage pour ramer avec une nouvelle force pour empêcher la felouque de s'avancer auffi vîte qu'elle le faifoit vers ce vilain *Savetier*. La barque nous a joint au moment où nous étions à peine éloignés de quarante verges de notre mortel ennemi. Ils nous ont jeté un bout de corde, que nous avons eu le bonheur de faifir dès la premiere fois, & que nous avons lié fans perte de temps autour de notre mât. Si nous l'avions manqué, la minute d'après nous aurions été perdus. Nos libérateurs ont ramé de toutes leurs forces pour retourner au lieu d'où ils étoient partis, leurs forces & les nôtres réunies nous ont fur le champ retirés d'auprès de ce terrible écueil. Nous fommes entrés dans l'embouchure du port liés l'un à l'autre, au grand étonnement de plusieurs centaines de spectateurs, dont les clameurs, les cris, & les témoignages de joie ont été très-bruyans au moment de notre entrée. Les Officiers de santé, ont examiné soigneusement nos certificats, & nous ont tout de suite permis de débarquer: nous avons été entourés par la multitude; quelques-uns nous ont touché la main, d'autres nous ont embrassés, les uns ont grondé le *Patron Antoine* d'être parti d'Antibes par un temps aussi épouvantable; tous nous ont félicité de notre conservation miraculeuse. Nous avons pris des chaises à porteurs pour nous rendre à l'hôtellerie la plus voisine, nous nous sommes fait mettre tout de suite au lit: outre l'effroi, nous avons été entierement dérangés par la grande agitation de la felouque, qui nous avoit donné à tous le mal de mer: on auroit pris l'Ecclésiastique Andalous, & Baptiste pour de vrais spectres. *Cornacchini* & son domestique avoient tous deux vomi jusqu'au sang: & je ne pouvois plus me tenir sur mes jambes. Cependant après deux heures de repos nous nous sommes trouvés si parfaitement rétablis, que nous avons pu avaler un bouillon: après quoi nous nous sommes endormis; mon sommeil n'a cependant pas été bien tranquille, l'image du *Savetier* écumant ne cessant de se présenter à mon imagination.

Ce matin, en déjeunant, nous avons reçu la visite de quelques-uns de nos braves libérateurs, qui nous ont félicité en leur nom, & en celui de leurs camarades de notre heureuse délivrance; *Cornacchini*, & moi leur avons fait un présent de nature à les convaincre que nous étions reconnoissans du zele qu'ils avoient témoigné en notre faveur; souhaitant qu'il nous eût été possible de les mieux récompenser. Ils ont paru très-satisfaits. Quant à notre bon Andalous, je suis fâché d'être obligé de dire, que sa générosité ne va pas jusqu'à la bourse; c'est envain que la monnoie du Pape nous rappelle par son inscription que *melius est dare quam accipere*. Il est très-doux & très-humble; il marmote des prieres presque toute la journée; il seroit charmé que nous nous joignissions à lui pour dire le rosaire, & réciter des litanies; mais je ne me suis point encore apperçu que la libéralité fût une de ses vertus; quant à la reconnoissance on ne sauroit l'accuser d'en manquer dans cette circonstance; le mal de mer l'a si fort tourmenté pendant le danger, qu'il y a été tout à fait infenfible; il ne croit pas qu'il ait été auffi éminent que nous le lui difons; il ne veut pas nous en croire fur notre fimple parole; s'il y ajoutoit foi ce ne pourroit être qu'aux dépens de fa bourfe. Si j'avois à choifir un compagnon de voyage pour faire avec moi le tour de monde, ce ne feroit pas fur lui que je jeterois les yeux, malgré fa grande dévotion.

Cette journée a été très belle, le foleil a paru dans tout fon éclat: cependant la mer n'étant pas encore auffi tranquille que nous l'aurions fouhaité; nous n'avons pas jugé à propos de remonter dans notre félouque; nous avons tous mal à la gorge; ce qui eft la fuite des efforts que nous avons faits pour vomir. J'ai monté ce matin un mulet, & ai été me promener fur une haute montagne à l'oppofite de la ville pour reconnoitre le château de *Montalban* fitué à fa cime. On peut bien plutôt le nommer une tour quarrée, qu'un fort; car il eft fans baftions, & fes foffés ne font point auffi profonds qu'ils devroient l'être; mais la difficulté d'y monter le fait regarder comme trèsfort; & ce ne fut qu'après avoir perdu bien du monde que les François s'en emparerent dans la derniere guerre. Du côté de l'Est, & beaucoup au deſſous, au bord de la mer, eſt la Citadelle, la ville, & la rade de *Ville franche*, le tout commandé par ce petit fort de *Montalban*. La vallée qui eſt entre *Montalban*, & *Nice* eſt une des plus riantes que l'on puiſſe voir. Plantées d'oliviers, d'arbres fruitiers, & pleine d'habitations, dont la plûpart ſont des maiſons de Campagne appartenantes aux gens de *Nice*. Cette ville avoit autrefois une autre fortreſſe qui y étoit contigue; mais après un ſiege long & meurtrier étant tombée entre les mains des François, elle fut non ſeulement démantelée par ordre de Louis XIV, mais les pierres de ſes murailles furent encores tranſportées à *Antibes*, dont elles ont ſervi à augmenter les fortifications. Ce Roi de guerriere mémoire nous a joué pluſieurs tours de cette eſpece, & n'a pas détruit moins de dix Citadelles que nous avions alors dans les différentes parties des Etats de notre Souverain. Cependant depuis nous en avons conſtruit un ſi grand nombre de nouvelles, que lorſque les François ſe foureront dans la tête de venir nous attaquer, nous trouverons toujours moyen de leur tailler affez de befogne.

L'air de *Nice* & celui des montagnes qui l'environnent, eft regardé comme un des plus falutaires que ceux qui font attaqués de phtifie puiffent refpirer. Cette prévention que je m'imagine être fondée fur l'expérience, eft caufe que plufieurs étrangers affligés de cette maladie, y viennent de temps en temps. Mais *Nice* eft une fi vilaine ville, & eft fi fort dénuée d'amufements, qu'il n'y a que le defir de prolonger mes jours, qui pût m'engager à m'y fixer.

Nous avons diné aujourd'hui à table d'hôte avec quelques perfonnes qui arrivoient de St. *Remo*, ville de cette côte appartenante aux Génois. Il s'eft trouvé dans ce nombre un jeune homme dont les manieres douces & polies ont attiré mon attention : après diné je l'ai choifi pour faire une longue promenade avec moi. Comme nous revenions à l'hotellerie, en nous entretenant de nos poëtes Italiens, qu'il paroit connoitre affez paffablement ; il a tout d'un coup ceffé de parler, & a regardé avec un air d'étonnement très-fortement exprimé, un Carosse qui a passé près de nous, & qui alloit de la ville au port.

Connoitriez-vous lui ais-je dit, les Dames qui sont dans ce Carosse, & que vous me paroissez regarder si attentivement?

Est-ce là, m'a-t-il répondu, ce qu'on appelle un Carosse?

Certainement, lui ais-je dit, c'est le premier que vous voyez?

Je n'en avois jamais vu de ma vie, dit-il, n'ayant encore jamais quitté le lieu de ma naissance, & ceci est ma premiere sortie. Je suis venu avec quelques parents pour chercher un ami que nous devons ramener à St. *Remo*.

Quoique ce Carosse n'eût rien d'extraordinaire; voyant qu'il s'arretoit & que les Dames qui y étoient en sortoient pour se promener, nous avons été l'examiner: je lui ai expliqué l'usage de ses différentes parties aussi clairement, & aussi exactement que je l'ai pu, à sa grande satisfaction. Je n'avois jamais cru auparavant qu'il eût pu se trouver quelqu'un en Italie qui eût atteint sa vingtieme année, sans avoir vu de Carosse.

Il me conviendroit tout aussi bien de
cette

LONDRES A GÊNES. 145

cette ville, de traverser la grande montagne de *Tende* & passant par *Cuneo* & *Raconigi* de me rendre à Turin; mais il est déjà tombé une trop grande quantité de neige sur cette montagne, à ce qu'on m'a dit; ainsi je m'en tiendrai à mon premier projet qui est de la côtoyer sous la conduite du *Patron Antoine*, jusqu'à Gênes; & de me rendre de-là au logis par la voie d'Alexandrie & de Casal; ce chemin est plus long, mais il est moins pénible.

LETRRE LXXXV.

Poudre à Canon sous l'eau. Nice rivale peu formidable de Gênes & de Livourne. Véracité Espagnole. Menteries Françoises, & urbanité Françoise.

Monaco, 15 Novembre 1760.

J'AI passé presque toute ma matinée à regarder quelques ouvriers occupés à briser un rocher qui se trouve à-peu-près au milieu de la rade de *Nice*. Quoiqu'il soit presqu'entierement sous l'eau, ils ont une méthode par le moyen de laquelle ils le perforent, & y font plusieurs trous qui ont, à ce qu'on m'a dit, près d'une palme de profondeur, & qu'ils remplissent de poudre à canon. Comme cette opération est continuellement répétée, & que la poudre est allumée à l'aide d'un tube au même instant que le trou est fait & rempli, ce rocher sera bientôt réduit en morceaux, & la rade en état d'admettre de beaucoup plus gros vaisseaux que ceux qui y mouillent actuellement ; ce qui ne sauroit manquer d'augmenter le commerce de la ville, qui a été déclarée, depuis peu d'années, port franc.

Nice ne sera pourtant jamais une rivale bien formidable pour les deux ports francs qui sont dans son voisinage ; savoir *Gênes* & *Livourne* : de quelque nature que soient les privileges que le Souverain pourra lui accorder, à cause de la longue chaine de montagnes escarpées qui sont derriere elle, & qui rendent le transport des marchandises qui entrent & sortent du Piémont, & des autres états de notre Roi, trop couteux : d'ailleurs les productions de cette ville & de ses environs ne sont pas assez considérables pour fournir un certain fonds de commerce à ses habitans, à l'exception de l'huile & du vin, qui, quoiqu'excellents dans leurs qualités respectives, ne sont pas assez abondants pour pouvoir fournir des Cargaisons à un grand nombre de vaisseaux marchands.

Vers les trois heures de l'après-midi, la mer étant tout à fait calme, nous nous sommes mis en route pour *Monaco* en tournant autour d'un Cap qui s'avance dans la mer au point de tripler la diſtance qu'il y a par eau de *Nice* à cette ville, qui en traverſant les montagnes n'eſt que de trois milles.

Il étoit ſi tard lorſque nous ſommes arrivés, qu'il ne nous a pas été poſſible de voir la ville, qui eſt ſituée ſur la hauteur d'un promontoire ſtérile ; & que nous avons été forcés de nous loger dans une hôtellerie voiſine du port ; ſi nous ne partons pas demain de trop bonne heure j'aurai vraiſemblablement quelque choſe de plus à vous dire de *Monaco* : mais en attendant pour allonger un peu ma lettre, & paſſer une demie heure ; permettez que, retournant en arriere, je jette un coup d'œil ſur le pays que j'ai traverſé depuis que j'ai quitté les Pyrenées, & qu'en véritable voyageur, je m'étende un peu ſur les qualités les plus remarquables de ſes habitans.

J'ai oui fréquemment répéter que les François étoient naturellement gais ; cette opinion eſt ſi bien enracinée chez nous, que je crains de paſſer pour un ridicule en me hazardant à la contredire. Mais pourquoi ne me ſeroit-il pas permis de dire librement mon sentiment sur cette matiere, aussi bien que les voyageurs qui m'ont précédé; moi qui ai traversé ce Royaume en tous sens, & y ai séjourné à diverses reprises, tant dans la Capitale que dans les Provinces?

Peut-être y a-t-il de ma faute; mais ce qu'il y a de certain, c'est que je n'ai jamais apperçu chez les François ce penchant général à la gaieté que l'on prétend leur être naturel; ainsi je ne saurois convenir que cette qualité soit un de leurs caracteres nationaux.

Il y a certainement une différence très-remarquable entre les François que je vois depuis quinze jours, & ceux qui habitent les provinces opposées. Les Languedociens & les Provençaux ont réellement en général une phisionomie qui annonce une plus grande vivacité que celle des Normands & des Picards. Cependant que les François généralement parlant soient naturellement plus gais que leurs voisins, c'est ce que leur extérieur n'a jamais pu me faire comprendre; & si l'on venoit à me demander ma façon de penser à ce sujet, & que l'on exigeât que je decidasse qui l'emporte, d'eux ou des Espagnols, je n'hésiterois pas un moment à me déclarer en faveur de ces derniers, dont la gaieté est plus constante, & paroit plus fréquemment, & plus ouvertement.

Parcourez l'Espagne, comme je viens de faire, & au moins tous les soirs, il y a dix contre un à parier, que partout où vous arriverez, vous trouverez des gens qui feront éclater leur gaieté par leurs chants & par leurs danses; l'on doit sans doute être convaincu que le peuple le plus enjoué est celui qui donne le plus de marques de joie. Il n'y a presque personne en Espagne qui ne sache manier la guitarre & les castagnettes, & il ne se trouvera pas une seule personne sur cent qui ne sache danser. Le *Fandango* & la *Séguedilla*, qui sont leurs danses nationales, sont dansées tous les jours, en tous lieux, & par toute espece de gens. Il n'en est pas de même des François: traversez tout le Royaume vingt fois de suite par différens côtés, à peine rencontrerez-vous une seule fois dans votre route un cercle de paysans dans les villages, ou de gens du peuple dans les villes, assemblés pour danser; nul instrument particulier n'est généralement en vogue dans aucune de leurs provinces, excepté en Provence, qui est la seule dans laquelle on voie un peu fréquemment les gens de la campagne excités à la joie & à la danse, par le son du *fifre* & du *tambourin*.

Si les actions les plus souvent répétées par la multitude dans chaque pays, doivent être réputées dénoter le caractere de la nation qui l'habite, je serois tenté d'avancer, que l'un des caractérisques les plus remarquables du François, du moins du gros de la nation, c'est-à-dire des gens de la derniere classe, est plutôt la fausseté que la gaieté: il n'est pas moins surprenant que désagréable de voir combien ce vice méprisable a d'empire dans toutes les parties du Royaume que j'ai visitées. Entrez dans une boutique pour y acheter quelque chose, & soyez sûr que le marchand, sa femme, son fils, sa fille, son garçon de boutique, sa servante, tous ceux qui l'environnent, vous assureront sur leur *honneur*, sur *leur foi*, & sur leur *parole*, que ce que vous marchandez lui coute *vingt* sols, quoiqu'il vous le donne souvent pour dix, pourvû que vous ayez la patience d'attendre, il vous le donnera bientôt pour ce que vous lui offrez. La question la moins importante est généralement répondue par une menterie, soit à l'hôtellerie ou à la poste; je n'ai jamais mangé à table d'hôte, que je n'aie été dans le cas de m'appercevoir que des gens que l'on auroit pris à leur habillement pour des gens de marque, se trouvoient entichés de ce vice. Il est vrai que leurs menteries ordinaires sont de peu d'importance; ce sont cependant toujours des menteries dans toutes les formes, & généralement si palpables, que ceux qui les disent doivent s'appercevoir eux-mêmes que les gens les plus crédules ne sauroient les prendre pour des vérités, j'en ai cependant entendu débiter une si grande quantité pendant tout un dîné; & cela avec tant d'assurance & d'impudence, qu'il n'est pas possible de trouver un pareil exemple, du moins autant que j'ai pu l'observer, dans aucun autre pays.

Il n'est personne qui ait observé l'espece humaine avec un peu d'attention, qui ne convienne que le nombre de gens qui se plaisent à mentir ne soit très-considésidérable par tout. Mais je ne saurois m'empêcher de dire en faveur des Espagnols, qu'ils ont plus d'amour pour la vérité qu'aucune nation que j'aie encore visitée. Ils ont un proverbe qui dit. *El Espagnol no dice mentira.* L'Espagnol ne ment point: tous en général, autant que j'ai pu le voir dans ce voyage, prouvent la justesse de ce proverbe.

Mais afin que vous n'infériez pas de cette remarque un peu sévere sur ce vice caractéristique de la nation Françoise que mon long séjour en Angleterre m'ait inspiré cette sotte antipathie pour eux, qui n'y est que trop générale, je dois vous dire, que je suis fort éloigné de penser que les François valent moins qu'aucun autre peuple. Il est certain que le peu de scrupule qu'ils se font de mentir, déplairoit souverainement aux étrangers, si ce vice n'étoit pas racheté par un grand nombre d'excellentes qualités, qui sont plus communes dans ce pays que dans aucun de ceux que j'ai parcourus jusqu'à présent.

La réputation que les François ont d'être la nation la plus polie de l'Europe, me paroît bien méritée par cette complaisance, cet empressement d'obliger, & cette civilité que non contents d'exercer mutuellement entr'eux, ils témoignent en toute occasion aux étrangers qui voyagent dans le Royaume. Il y a une certaine souplesse dans leurs manieres, un penchant à plaire, & à être facilement contents des autres, un desir marqué d'être utile qui contribuent beaucoup à faire passer le temps agréablement & avec satisfaction. Les François caressent sans affection, flattent sans estimer, & savent servir sans penser à leurs intérêts: ils font tout cela avec une aisance, avec une promptitude, & surtout avec un air d'amitié qui ne sauroit manquer de captiver l'homme le plus froid, & de mettre de bonne humeur le plus bourru.

Comment peux-tu admirer les François (me direz-vous vraisemblablement,) pour de pareilles qualités ? Pour une bonté qui n'est point bonté, puisqu'elle ne naît ni du cœur, ni du jugement ?

Doucement, mes chers amis, ne vous pressez pas de me condamner avant d'entendre ce que j'ai à dire pour la justification de mon admiration & même de ma vénération pour les manieres Françoises.

Je m'imagine, que vous conviendrez sans peine, que telle est la foiblesse de la nature humaine qu'il est impossible, même au mortel le plus vertueux, d'aimer un grand nombre de gens avec un certain degré de chaleur, & de les servir tous avec un même zele.

Cela une fois posé, je crois être fondé à dire, que l'on doit faire un grand cas des François à cause de leur caractere général de politesse ou d'urbanité: donnez lui le nom qui vous conviendra le mieux. Que peuvent-ils faire de plus, que d'en agir avec tous les hommes à peu de chose près aussi bien qu'on en agiroit avec son intime ami? Ne dois-je pas être plus reconnoissant d'une politesse que l'on me fait sans aucune raison antérieure, que d'une autre qui aura en quelque maniere été extorquée par l'amitié, l'espérance, le vrai mérite, ou quelque autre motif aussi puissant? N'est-ce pas être fort humain, de traiter un étranger tout à fait inconnu, avec une bonté qui, quoiqu'elle ne dérive pas d'une amitie sincere, produit pourtant le même, ou à-peu-près le même effet, & me rend à-peu-près aussi heureux pour le moment ? Ce monde-ci feroit bien malheureux, fi perfonne n'étoit traité poliment qu'autant qu'il feroit d'un mérite reconnu & qu'on auroit de l'affection pour lui. En conféquence les François ont droit à mon eftime & à mes louanges, pour leur penchant décidé à l'urbanité qui les engage à être polis envers tous les hommes indiftinctement, fans fe montrer trop fcrupuleux fur le plus ou moins de mérite ; & ne confultant uniquement que l'intérêt général de l'humanité.

LETTRE LXXXVI.

Royaume en mignature, & ce qu'il contient.

Monaco, 16 Novembre 1760.

Nous sommes dans une saison orageuse; & une tempête qui a regné toute la nuit, nous a retenus ici malgré nous: je suis pourtant enchanté qu'elle ne nous ait pas assailli en mer comme la derniere: nous sommes à peine remis de la terreur qu'elle nous a causé. Le vent est actuellement beaucoup moins fort, & le ciel est redevenu serain ; mais il faut que la mer soit tout à fait calme avant que nous osions nous aventurer dans un bâtiment aussi petit que notre felouque.

Ce délai me procure le moyen de pouvoir vous donner quelque détail sur cette place que je n'aurois pas pu visiter sans cela.

Monaco, ainsi que je vous l'ai dit hier, est située sur un rocher si stérile qu'il a donné lieu à ce proverbe rimé.

Son Monaco sopp' uno scoglio.
Non semino, e non ricoglio:
Eppure mangiar voglio.

C'est-à-dire: Je suis Monaco, situé sur un roc, je ne seme, ni ne moissonne, cependant je ne veux pas me passer de manger. Ce dernier vers fait l'éloge de ses habitans.

La principauté, dont Monaco est la Capitale, est placée entre une suite de montagnes à-peu-près perpendiculaires, dont la partie la plus élevée est absolument nue & pelée: mais l'inférieure est presque toujours verte, étant arrosée par l'eau qui filtre à travers les rochers, & ombragée par une grande quantité d'arbres, parmi lesquels l'olivier, & le citronier dominent; on y voit aussi un peu de vignes répandues çà & là.

La principauté a à-peu-près sept milles d'étendue du côté de l'est de *Monaco*, & n'a pas plus d'un mille de largeur dans l'endroit où elle en a le plus. On pourroit aisément faire une Isle de cette ville en coupant une petite langue de terre qui la joint au continent. Elle est fortifiée, & a un bataillon de troupes Françoises qui forme sa garnison. Je ne conçois pas pourquoi ce Prince y reçoit des soldats qui sont sous les ordres d'un Commandant qui ne dépend point de lui: ni notre Roi, ni les Génois, qui sont ses seuls voisins n'ont jamais formé la moindre prétention sur son chétif Empire, ni ne penseront jamais qu'il vaille la peine de lui être enlevé. Si cela arrivoit jamais, surtout de la part de notre Monarque, à quoi pourroit servir cette garnison? La ville & la principauté ne tiendroient pas bien longtemps, car la partie élevée des montagnes est de la dépendance de *Nice*; & de ces hauteurs dont elle est commandée de toutes parts, il seroit facile de la foudroyer, & de la forcer à se rendre.

Ce matin, à la pointe du jour, j'ai été visiter cette humble Métropole; j'ai grimpé un chemin fort escarpé, pavé de briques, dont il n'y a que les hommes de pied, & les ânes qui puissent faire usage. Il n'est pas permis aux chevaux & aux mulets d'y passer; leurs fers pourroient l'endommager.

Vous-vous imaginez bien que ma curiosité n'a pas eu besoin de beaucoup de temps pour être satisfaite; car la ville ne contient guere que deux cents maisons très-ordinaires, qui forment trois ou quatre rues fort petites: on m'avoit assuré hier au soir qu'il ne s'y trouvoit point de potence parce que les habitans ne commettent jamais de crimes qui la méritent. Une partie de cette assertion s'est trouvée destituée de fondement; puisque l'un des premiers objets qui m'a frappé a été une potence bâtie en briques placée sur l'un des remparts. Il est vrai qu'elle étoit en ruines & qu'elle ne m'a pas paru avoir été, depuis plusieurs années, en état de servir.

Les deux principaux édifices de la ville (outre le palais du Prince) sont deux Églises; l'une desquelles est accompagnée d'un couvent, où une douzaine de Religieuses élevent un nombre à-peu-près égal de jeunes pensionnaires. Ces deux édifices sont proportionnés aux autres bâtimens de la ville, & ressemblent à de petites Chapelles.

Quant au palais, du Prince; c'est un édifice qui ne feroit point déshonneur à aucune de nos villes d'Italie. Les murs extérieurs sont peints, & représentent des soldats armés de toutes pieces. L'air de *Monaco* est si pur, que ces figures n'en ont point été endommagées, quoiqu'elles existent depuis plus d'un siecle: on m'a assuré qu'il avoit plusieurs appartements magnifiques, très bien meublés, & décorés de tableaux de nos plus fameux peintres. Comme il est situé sur le bord d'un rocher élevé, on a de ses fenêtres une vue très-étendue de la mer, & celle de toutes les possessions du propriétaire.

Monaco n'est pourtant pas la seule ville qui se trouve dans cette principauté. Il y a encore *Menton* à l'une des extrémités du pays, qui est beaucoup plus considérable que la capitale & contient près de mille habitans de plus. Le Prince a dans cette derniere ville un second palais, outre une maison de plaisance près du village de *Roccabruna* qui est précisément à moitié chemin entre *Menton* & *Monaco*.

Le Souverain actuel, qui vit en France, & est Duc & Pair du Royaume sous le titre de *Valentinois*, vient quelquefois visiter ses sujets: vous ne sauriez vous imaginer quelle est leur satisfaction lorsqu'ils le possedent. Il n'y en a point au monde qui chérissent plus leur Prince que ceux-ci; ce n'est pas sans raison, puisqu'il n'en exige jamais d'impôt. Le seul qui subsiste est un treizieme du produit annuel de leurs terres; encore ont-ils l'option de le payer en nature ou en argent: vous sentez qu'ils ne sont pas trop foulés.

Toute la principauté n'ayant que quatre milles quarrés, on s'imagineroit que la treizieme partie de ses productions devroit former un revenu bien peu considérable: il est cependant certain qu'il ne va pas à moins de cent mille Livres. Il y a une si grande différence entre nos terres des environs de Turin & celles de ce pays, que vingt de nos arpents n'en valent pas un de ceux-ci; parce que ces derniers produisent des oliviers, dont un seul vaut un champ semé en bled ou en tout autre grain.

Le produit de cette étroite superficie, en y joignant ce qu'on tire de la mer, & d'un petit commerce, nourrit tous les habitants de ce petit coin du monde, dont aucun n'a l'air indigent, quoiqu'il n'y en ait aucun qu'on puisse nommer opulent: les plus riches Bourgeois de *Monaco*, à ce qu'on m'a assuré, ayant à peine mille livres de revenu: cependant leur nombre monte à six mille, savoir deux mille à

LONDRES A GÊNES.

Monaco trois à *Menton*, environ cinq cents à *Roccabruna* & les autres cinq cents dispersés dans le reste du pays.

La monnoie courante ici, est l'argent de France, de Piémont, de Gênes, & celle du pays. Je me suis procuré un *liard*, un *sol*, & une piece de *douze sols* de cette derniere. Le liard & le sol sont de cuivre, & la piece de douze sols est d'argent; elle a d'un côté l'effigie du Prince avec cette légende D G. *princeps Monœci*, c'est-à-dire, par la Grace de Dieu Prince de *Monaco*. Les armes du Prince occupent le revers avec ces mots autour: *Dux Valent. Par. Franciæ.* (Duc de Valentinois, Pair de France) on m'a dit qu'il y avoit encore des pieces de *vingt-quatre sols* d'argent, & des *pistoles d'or* valant vingt-quatre livres de France, mais il ne m'a pas été possible de me procurer ces deux dernieres, parce qu'il n'y a point ici de monnoie plus rare que celle du Souverain qui n'a point de balancier & est obligé de la faire fabriquer en France; ce qu'il n'a pas jugé à-propos de faire depuis plusieurs années.

Comme la pluie a duré toute la matinée, j'ai été obligé de me servir d'un parapluie pendant ma promenade dans la plus grande partie de cet Etat. Je l'ai faite le long d'un beau chemin de Carosse que le Prince a fait faire depuis peu, de *Monaco* à *Menton*, sur le bord de la mer, pour la commodité de son épouse, qui lorsqu'elle est ici, se promene dans son Carosse, qui est le seul qu'on y ait jamais vu. Ils ont pour leurs personnes une garde de vingt hommes, qui sont en habits d'écarlatte galonnés en argent; cette troupe compose toute l'armée de ce Prince. Quant à sa marine elle est un peu plus considérable, consistant en deux barques ou vaisseaux; donnez leur le nom que vous voudrez, l'une desquelles porte quarante hommes armés de fusils & de sabres, l'autre soixante hommes & huit pierriers; forces de pigmées, me direz vous: elles sont cependant suffisantes pour mettre à contribution tous les petits bâtimens qu'on peut appercevoir; il n'y a aucun vaisseau ou barque plus foiblement armée, qui osât ramer ou faire voile dans cette mer, sans payer une somme modique, que ce Prince a le droit indisputable d'exiger pour l'entretien des différens fanaux qu'il fait allumer dans plusieurs endroits de la côte pour l'utilité des navigateurs. Notre felouque, qui n'a pour toute défense qu'une demie douzaine de couteaux rouillés qui peuvent à peine couper du pain, n'a pas été dans le cas de se souftraire à cet impôt; le *Patron Antoine* a été obligé de débourser vingt sols en entrant dans le port, qu'on nommeroit à plus juste tître étang, si l'un de ses côtés n'étoit pas ouvert, & ne donnoit pas une libre entrée à la mer qui lui fournit un peu d'eau; il n'a pas assez de profondeur pour admettre des bâtimens de quelque conséquence.

Je crains que ma rélation ne vous fasse rire; il est bien difficile de s'en empêcher lorsqu'il est question de choses d'une si petite importance. Mais ne seriez vous pas bien fiers si vous vous trouviez Souverains d'un Empire, fût-il encore plus en mignature que celui-ci? Quelque méprisable que puisse paroître celui de *Monaco*, comparé à l'ancien Empire Romain, à celui des Macédoniens; les gens les plus sensés se garderont bien de le regarder comme tel, en réfléchissant un instant au grand nombre de millions d'hommes qui ne possèdent pas un seul pouce de la superficie de ce globe. Je vous ai déja dit, que celle de cet Etat en a plusieurs, puisqu'il a près de quatre milles en quarré.

Badinage à part, il y a peu d'espace de terrein qui délecte autant la vue que celui-ci. Son sol, couvert de quantité de plantes, forme un beau contraste avec les rochers stériles qui l'environnent d'un côté, & avec la vaste plaine liquide qui l'entoure de l'autre: il y a encore un ruisseau qui se précipte du haut de la montagne près de *Roccabruna* que l'on pourroit admirer pendant une demie heure entiere sans trouver le temps long.

Mais j'entends une sentinelle sur le rempart crier *prenez garde à vous*; il faut que je prenne donc garde à moi, & que j'aille me coucher, la nuit étant déjà fort avancée.

Je ne dois pas oublier de vous dire, que le langage de ce peuple est un singulier dialecte, moitié Provençal & moitié Génois. Il y a beaucoup de gens parmi eux qui parlent François, & qui l'ont appris des soldats de la garnison. L'université de Monaco consiste en un Collège où l'on enseigne les rudiments. Le temps ne m'a pas permis de m'informer de ce qui regarde la Jurisprudence du pays, & de la maniere dont la justice y est administrée.

LETTRE LXXVII.

Chapelle singulierement ornée. Point d'aventure en mer. Oies de mer. Anchise portant Enée. Ne mordez pas avec de mauvaises dents. Femmes modestes.

St. Remo, 17 Novembre 1760.

L'AIR étoit si peu agité ce matin, le ciel si pur, & la mer si paisible, que nous sommes partis de Monaco à sept heures du matin, après avoir entendu la messe dans une chapelle éloignée d'environ un demi mille de l'hôtellerie. Le dedans de cette chapelle est singulierement orné de chaines, de fers, d'épées, de sabres, de coutelas, de fusils & de pistolets pendus le long des murs, en forme d'*Ex-voto*. Elle est dédiée à *Ste. Dévote*, dont je ne me souviens pas d'avoir lu le nom dans le *Martyrologe*. Elle est patrone de la petite Monarchie, & est toute aussi miraculeuse que celles de son espece le sont dans tous les lieux peu considérables où elles le font beaucoup: témoin cette quantité d'inftruments de carnage & de mort qui font dans fa chapelle & qui par fa puiffante interceffion n'ont fait aucun mal à ceux qui les y ont dépofés.

Comme nous côtoyons la terre de fort près, nous avons apperçu *Lete*, joli village qui touche prefque la ville de *Ventimiglio*, dont la jurifdiction Epifcopale s'étend fur une partie de la dépendance de Nice, quoiqu'appartenante à un autre Souverain.

A *Lete*, qui n'eft pas éloigné de deux milles de *Menton*, commence le territoire de Gênes. *Ventimiglio* eft fortifiée; mais d'une maniere fi peu redoutable, que dans la derniere guerre nos troupes s'en emparerent en moins de huit jours.

Nous fommes arrivés ici à trois heures de l'après-midi. Comme St. *Remo* n'a point de port, il a fallu échouer la felouque fur un banc de fable, & les matelots nous ont portés à terre fur leurs épaules. Ainfi s'eft terminée notre navigation de la journée, qui n'a été que de trente à quarante milles; & ne nous a procuré aucune aventure bonne ou mauvaife, à l'exception de la rencontre d'un Sapin que le *Patron Antoine* préfume

avoir

avoir été déraciné & entrainé au bas des montagnes par la *Ventimiglié*, qui aura été groffie par les dernieres pluies qui l'auront rendue plus impétueufe.

Nous avons vu les traces de cette riviere qui s'étendoient à plus d'un mille du rivage; nous diftinguions fes eaux de celles de la mer par leur mouvement progreffif; & encore plus par la grande quantité de mouffe, de feuilles, & de branches caffées dont elle étoit couverte. Une multitude *d'Ocha d'Aqua* ou d'oies marines voltigeoient tout autour, plongeoient pour en tirer je ne fais qu'elle efpece de nourriture. *L'Ocha d'Aqua* eft un bel oifeau autant que j'ai pu le voir, & prend fon nom de la reffemblance, qu'il a avec une Oie ordinaire : fi nous avions eu un fufil il nous auroit été facile d'en tirer plufieurs. Elles font très-bonnes à manger à ce que nous a dit le *Patron Antoine*. Lorfqu'il m'a pris pour me porter à terre, il m'a fait naître l'idée d'un tableau qui contrafteroit merveilleufement avec celui Ed'née portant fon pere : le *Patron* eft à peu près du même âge qu'*Anchife* au moment que fon fils fe fauva avec lui de la ville embrafée, & je fuis vraifemblablement tout auffi jeune que le héros Troyen. Excufez la comparaifon d'un héros Troyen avec votre frere; lorfque je manque de matiere il faut bien que j'écrive la premiere chofe qui me paffe par la tête.

St. *Remo* eft une des villes les plus agréables de la côte de Ligurie: en général elle eft bien bâtie, & a beaucoup d'apparence, vue de la mer. On affure qu'elle a plus de douze mille habitants, dont le principal revenu vient de la vente de leurs oranges & de leurs citrons, qui croiffent fur les montagnes qui font autour de la ville. On en donne ordinairement fur les lieux un millier pour deux Livres Génoifes, & je vous laiffe à penfer combien il faut en vendre à ce prix pour entretenir une ville auffi peuplée: il ne leur eft pas non plus permis d'en envoyer aucune à l'étranger, à moins qu'elle ne paffe à travers d'une bague de fer, dont les Magiftrats font ufage au temps de la récolte. Ceux qui font trop gros pour paffer dans cette bague font cenfés trop murs pour pouvoir être tranfportés.

Parmi les maifons de St. *Remo* la plus apparente eft celle qui appartient à la famille des *Borias*, la plus opulente de la ville. Elle eft fi vafte quelle a précifément autant de fenêtres qu'il y a de jours dans l'année lorsqu'elle n'est pas *Bissextile*: du moins les habitans l'assurent ; j'ai mieux aimé les croire sur leur parole que de me donner la peine de les compter. Caprice singulier de celui qui l'a fait bâtir. Si le Gouvernement imitoit celui d'Angleterre en mettant un impôt sur les fenêtres, ses héritiers penseroient vraisemblablement qu'il leur seroit avantageux de la démolir. On prétend qu'il avoit un frere, qui se tourmenta beaucoup pour savoir exactement le nombre des confessionaux qui se trouvent dans les Eglises de Rome. Il est difficile de décider qui étoit le plus sot des deux.

 Tandis qu'on préparoit le diné, j'ai été faire un tour dans la ville : ce que j'y ai vu de mieux a été une petite église appartenante aux Religieuses de la *visitation*. Elle a trois-autels du plus beau marbre. L'Eglise des Jésuites est aussi très-jolie, & ornée avec goût. J'ai vu plusieurs palmiers dans un jardin, dont les feuilles très-variées forment un joli spectacle ; mais le climat est trop froid pour qu'ils produisent des dattes comme en Afrique. Les gens de St. *Remo* jouissent depuis long-temps du privilege de fournir à Rome les palmes dont on s'y fert le Dimanche des rameaux; ils font obligés d'y en faire paſſer toutes les années une Cargaiſon. S'ils venoient à y manquer, ils perdroient ce privilege; mais tant qu'ils rempliront leur engagement il fera excluſif; il leur rapporte annuellement pluſieurs milliers de ſcudis (20)

Les Génois ont depuis peu conſtruit entre la ville & le bord de la mer, un petit fort pour tenir ce peuple en reſpect, il avoit cherché, il n'y a pas long-temps à fecouer le joug de la République, fous prétexte qu'elle avoit voulu empiéter fur fa liberté, & lui avoit impofé des taxes qu'elle n'avoit pas le droit d'exiger. Les conféquences de cette révolte furent funeſtes à pluſieurs des chefs, qui furent pris & envoyés aux galeres. Un corps de troupes Génoiſes les eut bientôt fait rentrer dans le devoir, & obligea quelques-uns des habitants les plus opulents à s'exiler de leur patrie, où ils laiſſerent leurs biens qui furent confiſqués. Les bannis font à préſent occupés à folliciter à Vienne leur réhabilitation : vraiſemblablement ils auront peine à l'obtenir, leur ville

___

(20) Un *ſcudi* vaut environ fix Livres de France.

& leur territoire n'étant pas assez considérables pour mériter l'attention de cette Cour. Ils ont éprouvé par une triste expérience, qu'ils auroient mieux fait de se tenir tranquilles, & de payer les impôts que la République a été forcée d'exiger après qu'elle a été épuisée par nous & par les Allemands dans la derniere guerre. Avant de se hazarder à montrer les dents, il faut prudemment les essayer, & voir si les morsures qu'elles pourroient faire seroient utiles à quelque chose: c'est à quoi ce peuple ne pensa pas; ce qui a rendu sa condition pire qu'elle n'auroit été sans cela; car le nouveau fort mettra leurs maîtres dans le cas de faire tout ce qu'ils voudront, sans s'arrêter beaucoup à d'anciennes franchises, & à des droits négligés, & sans force.

Malgré leur dernier accident, j'ai peu vu de peuple qui se présentât d'une maniere plus avantageuse; leurs habillemens sont en général très-propres, j'ai beaucoup admiré la coeffure des femmes, qui n'est composée que d'un ruban rouge d'environ deux pouces de large, lié autour de la tête, & formant un gros nœud sur le front. Elles ont leurs cheveux séparés par deux treſſes pendantes, ils ſont peignés avec ſoin. Quoique cette mode ſoit bien ſimple, elle donne à celles qui ſont naturellement jolies un air vif & piquant, & il y en a beaucoup de jolies. Un honnête marchand de citrons pour lequel mon petit ami de *Nice*, m'avoit donné un mot de recommandation, m'a aſſuré qu'il n'y avoit pas de femmes au monde auſſi douces, & auſſi modeſtes que celles-ci. Je ſuis aſſez porté à le croire, ſurtout lorſque je réfléchis que le luxe, ce grand corrupteur de l'innocence, n'a pu trouver moyen de s'introduire juſqu'ici & qu'il eſt aſſez probable qu'il ne s'y introduira jamais, St. *Remo* & ſon territoire étant entourés d'un côté par la mer & de l'autre par une montagne eſcarpée; de ſorte qu'il ſe trouve en quelque façon ſéparé du reſte du monde.

LETTRE LXXXVIII.

Felouque mise à flot. *Peu de gens placés dans le poste qu'ils devroient occuper.* Tonadillas, *chansons.* Longue chaine *d'habitations.* Excellente forteresse.

Savone, *18 Novembre* 1760.

HIER, après que nous avons été portés à terre sur le dos de nos matelots, on a pareillement tiré la felouque de l'eau, de peur qu'un coup de mer ne vînt à l'endommager, ou à l'enlever pendant la nuit. En conséquence il a fallu ce matin la remettre à flot avant notre départ : la maniere dont cette opération s'est faite a présenté un objet si pittoresque, que je n'ai pu m'empêcher d'être fâché que mon ignorance du dessein m'empêchât d'en faire une esquisse. Imaginez-vous une partie de nos Argonautes se baissant jusqu'à terre pour excaver le sable qui se trouvoit devant la felouque avec leurs mains faute de pelles, afin quelle pût facilement arriver à la mer.

D'autres mettant des planches & des rouleaux deſſous pour l'aider à gliſſer : ceux-ci appuyant leurs épaules & leurs dos hallés contre ſes côtés : ceux là leurs têtes, & leurs hanches, tous s'aidants, tous faiſant des efforts ſur naturels, tous tendant chaque muſcle, & chaque nerf pour parvenir à leur but, leurs différens âges, le contraſte de leurs attitudes, leurs contorſions, les grimaces qu'ils faiſoient en travaillant avec tant d'ardeur, tout ſembloit demander un pinceau auſſi habile que celui de mon ami *Cipriani*. J'aurois bien voulu qu'il eût été là : je dis plus je voudrois qu'il fût toujours où je ſuis.

Tandis que je regardois attentivement nos Mariniers employés à un ouvrage auſſi rude, je me ſuis imaginé que la ſatisfaction d'une félouque ſeroit bien grande, ſi elle étoit ſuſceptible de quelque réflexion, & capable de goûter quelque plaiſir.

Une felouque (me ſuis-je dit) n'eſt utile que lorſqu'elle eſt dans l'eau ; & pour pouvoir la placer où elle ſerve à quelque choſe, voyez combien il faut de mains ! ne ſeroit-ce pas une grande ſatisfaction que de ſe voir ainſi puiſſamment

ment secouru & secondé pour arriver à la place où l'on pourroit se distinguer ? Mais pourquoi cela est-il si rare à l'égard des hommes ? Il y en a peu, oui très-peu, qui trouvent des mains de bonne volonté, & assez puissantes pour les pousser à des postes, dans lesquels ils seroient de la plus grande utilité à leurs semblables : quels que soient vos talens, la force étrangere ne coopere jamais à vous faire parvenir où vous devriez être. En vain la nature vous auroit-elle doué des talens nécessaires pour devenir Poëte, ou Musicien, Historien ou Ministre d'Etat : vous vous trouverez obligé de conduire une charue, ou de porter un mousquet, ou de monter derriere un Carosse en habit de livrée, ou même de remplir encore quelque emploi plus vil; parce que personne n'aura pensé à vous placer dans l'élément qui vous étoit convenable.

Il est inutile de vous dire jusqu'où j'ai poussé ces réflexions ; vous pouvez les continuer vous mêmes à présent que je vous ai mis sur la voie, & les laisser aller aussi loin qu'elles pourront. Mais pensez combien il y a peu de gens, parmi ceux que vous connoissez, & qui forment le cercle de ceux avec qui vous vivez, qui aient jamais été fecondés, & placés dans des poftes convenables à leurs talens naturels & à leur génie. Je m'imagine, que vous aurez peine à en trouver un feul qui ait jamais eû le même bonheur que notre felouque a eu ce matin.

A peine étions nous éloignés d'un mille de St. *Remo*, qu'un petit vent frais de l'oueft a fait quitter les rames à notre équipage, & tendre la voile, au moyen de laquelle nous avons fait trente milles dans l'efpace d'un peu plus de trois heures: nous en avions encore autant jufqu'à *Savone*; un odieux calme ayant fuccédé vers le midi à ce vent frais, les pauvres gens ont été obligés de ramer de toutes leurs forces jufqu'au foleil couché. Si *Cornacchini* n'avoit pas été avec nous, une navigation auffi lente n'auroit pas manqué de nous paroître affez ennuyeufe, mais il avoit heureufement acheté une guitarre à *Nice*, & il a charmé notre impatience par fes fons, & par fon chant. Je n'ai jamais entendu perfonne mieux fredonner *fotto voce* que lui: le grand nombre de *Seguedillas* & de *Tonadillas* qu'il a appris en Efpagne, lui ont tout à fait gagné le cœur de notre Andalous. Je crois vous avoir déjà dit qu'une *Tonadilla* est une singuliere composition en musique, en partie chantée sur différentes mesures, & en partie récitée: mais les couplets que l'on récite, doivent être prononcés de maniere, que le ton de la voix s'accorde avec le son: l'Italie n'a rien en fait de musique, que j'aie jamais entendu d'aussi véritablement gai qu'une *Tonadilla*.

Outre cet amusement, j'ay eu encore celui d'examiner la côte à mesure que nous faisions route: nous n'avons point voulu la perdre de vue de crainte que dans cette saison peu constante le temps ne vint à changer subitement. Par ce moyen nous étions maitres d'aborder aussitôt que nous le jugerions à propos; le souvenir du cruel *Savetier* n'est point encore sorti de notre esprit. Il n'y a pas dans l'univers entier un pays plus délicieux que la *Ligurie*. Il n'est composé, lorsqu'on le regarde de la mer, que de rochers & de vallées; le tout couvert de végétaux, qui font que la côte paroit toujours verte; Je m'étois d'abord proposé de compter les villes & les villages qu'il y a depuis *Ventimiglio* jusqu'à

Gênes ; mais leur grand nombre m'a bientôt fait oublier mon compte. Toute la côte ne paroît presque qu'une seule ville, tel est le nombre de ses habitans. En commençant particulierement au *Port Maurice* & finissant à *Oneglie*, la population est incroyable ; car dans ce seul espace, qui n'a que cinq milles de longueur, & quatre de largeur, on compte, outre ces deux villes, pas moins de quarante villages.

Nous avons débarqué à *Savone* au moment que le soleil se couchoit, ainsi que je l'ai déjà dit, & avons été loger à une très-bonne hotellerie au dehors des murs. Si le temps continue à être aussi doux, nous partirons demain de bonne heure sans entrer dans la ville : ce sera sans regret de ma part, l'ayant déjà vue il y a quelques années. *Savone* est, après *Gênes*, la ville la plus considérable de la République, elle avoit autrefois un port très-vaste & très-sûr que l'on a en partie comblé, & mis hors d'état de recevoir de gros vaisseaux, parce qu'ils privoit *Gênes* d'une partie trop considérable de son commerce. Les habitans de *Savone* continuent à murmurer du tort qu'on leur a fait en gâtant leur port; mais supposant que leur ville fût le centre du pouvoir, à la place de Gênes, combien de temps croyez-vous que subsisteroit le port de cette derniere ville? C'est l'intérêt, & non la méchanceté, qui a porté les Génois à ordonner la destruction du port de Savone: mais l'intérêt à toujours l'air de la méchanceté, surtout lorsqu'il est soutenu par le pouvoir & qu'il est préjudiciable aux autres & il est aussi naturel pour les gens de Savone de détéster cet air, qu'il est naturel pour leur maîtres les Génois de tirer tout le parti possible de leur pouvoir.

Savone est commandée par une Citadelle, dont les murs & les fossés ont été taillés dans le roc: cependant dans la derniere guerre nos troupes la prirent très-aisément. Mais dès que notre Roi l'eut en sa possession, & qu'on lui eût donné des espérances quelle lui resteroit pour toujours, il ordonna au *Chevalier Pinto*, qui avoit conduit ce siege, de la fortifier de son mieux. Ce brave ingénieur corrigea ses nombreuses irrégularités, éleva ses murs, approfondit ses fossés, il la mit enfin dans un tel état, qu'elle passe à présent pour imprénable. Je voudrois que cela fût vrai, & qu'il en fût de même de toutes les fortreſſes d'Europe afin que les princes ne penfaſſent plus à faire la guerre, & à envahir mutuellement leurs poſſeſſions.

La ville de Savone ne contient pas moins de trente mille habitans, outre les cinq ou fix mille de fes fauxbourgs; & eſt une des mieux bâties que nous ayons en Italie, abondante en belles maiſons, en vaſtes Egliſes, en fpacieux hôpitaux, & en toute autre eſpece d'édifices publics. Elle a un territoire fertile, qui a pluſieurs milles de largeur, & s'étend près de fept milles dans les terres jufqu'à une énorme montagne, que j'ai une fois montée fur une mule en deux heures. Nous étions alors en hiver, comme à préfent; je n'ai point oublié que je fouffris beaucoup dans ce penible voyage. Le vent fouffloit avec tant de violence fur le fommet de cette montagne, que je fus obligé de mettre pied à terre dans pluſieurs paſſages étroits, crainte d'être jeté dans des précipices. Qu'il eſt horrible de voyager comme je faifois alors, à travers les montagnes de *Meſſanot* de *Malaufin* & de *Cartoz* dans un temps d'orage! toutes ces montagnes forment une longue chaine, dont la partie septentionale se trouve couverte de monceaux de neige gélés qui ont plusieurs milles d'étendue: C'est la raison qui m'empêche de prendre la route qui traverse le *haut Monferrat*, & m'ôte l'envie de visiter dans ce moment le grand nombre de parens & d'amis que nous avons en différens endroits de cette province. Je sais que mon arrivée imprévue leur ferait le plus grand plaisir; & je suis sûr qu'ils vuideroient plus d'une bouteille à l'honneur de mon heureuse arrivée: mais la saison est beaucoup trop rude pour moi de ce côté pour que je quitte la felouque. Je les verrai au printemps prochain, sans courir aucun risque, & en voyageant tout à mon aise.

LETTRE LXXXIX.

Menteries des Aubergiſtes de Gênes. Dernier Gîte.

Gênes; 18. Novembre, 1760.

Nous ſommes arrivés ici de *Savone* en moins de cinq heures, favoriſés par un vent tout à fait proſpere. L'horiſon étoit ſi clair au moment que nous ſommes approchés de ce port, que nous avons été à même de jouir tout à notre aiſe de ce beau ſpectacle, & de contempler la ville entiere d'un coup d'œil. Quel magnifique demi-cercle! Rien à ce qu'on dit, ne ſauroit y être comparé, que *Naples* & *Conſtantinople*. J'avois vu *Gênes*, pluſieurs fois; mais aujourd'hui elle m'a plu, & m'étonne autant que jamais. C'eſt réellement une ſuperbe ville.

Depuis dix ans que je ne l'ai vue, je m'apperçois que les Génois ont ajouté deux nouveaux fanaux à leur port, ce qui en rend l'entrée dans une nuit obscure beaucoup moins difficile. Je n'ai pas pu m'empêcher de pousser un soupir en tournant la vue du côté de ces deux fanaux ; en me rappellant qu'ils n'ont été placés dans cet endroit qu'à l'occasion du naufrage d'un vaisseau dans lequel un de mes amis a perdu la vie, Pauvre *Guido Riviera!* Nous ne réciterons plus de vers ensemble.

Ayant montré nos billets au Bureau extérieur de santé, nous nous sommes avancés vers le lieu du débarquement, ou plusieurs aubergistes nous attendoient pour nous offrir leurs services.

Nous allons à *Ste. Marthe*, a dit *Cornacchini*, ainsi ne nous fatiguez pas par vos importunités.

Cette auberge, à répondu l'un d'eux, a été malheureusement détruite par le feu il y a environ un mois, ainsi, Messieurs, vous ferez tout aussi bien de venir à la *croix de Malthe*, où vous trouverez toutes sortez de commodités, & ou vous serez tout aussi bien traité que par tout ailleurs!

Si j'avois été seul, je serois tombé dans les filets de ce drôle, à la langue dorée; mais *Cornacchini*, qui connoissoit mieux que moi ces sortes de gens, a perfifté à vouloir aller à *Ste. Marthe*, promettant feulement que fi nous n'y trouvions point de logement nous irions à la croix de Malthe.

Mais, lui ais-je dit, pourquoi nous donner la peine d'aller chercher une hotellerie qui n'exifte plus?

Parce que je fuis fûr, m'a-t-il répondu, que cet homme ment, & qu'elle n'eft point brulée.

Cette réplique quoiqu'un peu brufque, n'a point choqué notre homme: au lieu de témoigner du reffentiment, il s'eft contenté de foutenir fon affertion, & de l'appuyer par des fermens fi pofitifs, & avec un air de fi bonne foi, que j'ai été dans le cas de ne favoir qu'en croire, & que ce n'a pas été fans peine que j'ai cédé aux inftances de Cornacchini, & que je l'ai fuivi à *Ste. Marthe*.

Les conjectures de *Cornacchini* fe font trouvées juftes; je n'aurois pu me taire fur l'impudence, & la maniere effrontée avec laquelle ce premier aubergifte avoit cherché à nous en impofer, fi un fecond de la même efpece ne m'avoit fermé la bouche: L'hote de *Ste. Marthe* a mis fin à ma furprife, en me difant à notre entrée dans fa maifon que ce procédé n'avoit rien que de fort ordinaire. J'ai moi même, dit-il, brûlé si souvent son auberge, qu'il seroit un grand sot s'il laissoit échapper l'occasion de bruler la mienne toutes les fois qu'elle se présente. C'est notre coutume, a ajouté ce malheureux du plus grand sang froid, de nous incendier mutuellement de cette maniere; Chacun doit faire ses efforts pour attirer l'eau à son moulin.

Sans doute, lui ais-je répliqué, votre méthode est très-louable: Il est dommage qu'on ne vous mette pas tous à même de l'exercer aux galeres.

Bon, bon, m'a-t-il répondu, ne soyez point faché de nos plaisanteries. Nous vous traiterons très-bien.

J'ai été rendre visite sans perte de temps au Seigneur *Paolo Celesia*, mon digne ami, qui a résidé quelques années en Angleterre en qualité de ministre de la République, & s'y est marié avec une aimable Angloise. Il ne s'attendoient point l'un & l'autre à me voir, n'ayant point été prévenus de mon arrivée. J'ai passé dans leur compagnie, & dans celle de quelques anciennes connoissances une très-agréable soirée : Ils ont fait ce qu'ils ont pu pour m'engager à m'arrêter un ou deux jours ici; mais je me suis imaginé que vous commenceriez à être inquiet, ayant été beaucoup plus longtemps en chemin que je ne me le proposois: d'ailleurs le voisinage du lieu de ma naissance me donne envie de m'y rendre sans m'exposer à de nouveaux retards. Ainsi je prendrai la poste demain à la pointe du jour, & j'espere être auprès de vous au soleil couchant. Après un si long & si heureux voyage: nous chanterons demain au soir tous ensemble dans la plus profonde humilité de nos cœurs, *Agimus tibi gratias, omnipotens Deus, pro universis beneficiis tuis, qui vivis & regnas in secula seculorum.*

Fin du Voyage de Londres à Gênes.

APPENDIX

Pour l'Instruction de ceux, qui se proposent d'aller à Madrid par terre.

Chacun fait que l'on ne peut entrer en Espagne, d'aucune province de France, qu'en traversant les Pirenées.

Les chemins à travers ces Montagnes ont chez les Espagnols deux dénominations différentes. Ceux qui admettent des voitures à roues portent le nom de *Caminos de ruedas*, & *Caminos de Herradura* sont ceux qui son trop étroits pour pareilles voitures. Un *Camino de Herradura* est généralement convenable pour une Mule. Il n'y a que les courriers qui y passent à cheval, changeant de chevaux aux différentes postes.

Le meilleur *Camino de ruedas* à travers ces Montagnes, est certainement celui que j'ai décrit dans les lettres précédentes. Mais pour épargner à mes lecteurs la peine de les parcourir une seconde fois, je vais le donner ici de nouveau, en commençant à *Perpignan* Capitale de la province de *Roussillon*.

VOYAGE DE

ROUTE.

De *Perpignan* à *Madrid*.

	Nombre des lieues.
de *Perpignan* à *Boulon*. . . .	5
de *Boulon* à *Bellegarde*. . . .	1
de *Bellegarde* à *Jonquiera*, premier village d'Espagne. . . .	1
de *Jonquiera* à *Hostal nuevo*. .	2
d'*Hostal nuevo* à *Figueras*. . .	1½
de *Figueras* à *Sante Locaya*. .	1

Ici on traverse une riviere en bateau.

de *St. Locaya* à *Boscara*. . .	1½
de *Boscara* à *Villa de muls*. . .	½
de *Villa de Muls* à *Medina*. . .	2

Ici on passe une Riviere sur un pont.

de *Medina* à *Girona*. . . .	1
de *Girona* à *Hostal de Ceba*. . .	1
d'*Hostal de Ceba* à *las Mallorquinas*.	2½
de *las Mallorquinas* à *Hostalrich*.	2
d'*Hostalrich* à *Batloria*. . .	1
de *Batloria* à *Sanseloni*. . .	1
de *Sanseloni* à *Linarez*. . .	2

Ici on passe une riviere sur un pont.

de *Linarez* à la *Rocca*. . .	1

27 lieues.

LONDRES A GÊNES.

Nombre des lieues.

d'autre part. 27

de la *Rocca* à *Monmélo*. . . .	1
de *Monmélo* à las *Hostals*. . .	1
de las *Hostals* à *Moncada*. . .	1
de *Moncada* à *sant Andrés*. . .	1
de *sant Andrés* à *Barcelonne*. . .	1
de *Barcelonne* à *Hospitalet*. . .	1
d'*Hospitalet* à *san Feliu*. . . .	-½
de *san Feliu* à *Molin de Reys*. .	-½

Ici on passe une riviere sur un pont.

de *Molin de Reys* à *sant Andrea*. . 1

Ici on passe une riviere sur un pont.

de *sant Andréa* à *Martorel*. . .	1
de *Martorel* à *la Veguda*. . . .	1
de la *Veguda* à *Piera*. . .	2
de *Piera* à *Valbona*.	-½
de *Valbona* à *Puente de la Reyna*.	-½

Ici on passe une riviere à gué.

de *Puente de la Reyna* à *la Pobla*. 1

On repasse ici à gué une seconde fois la même riviere.

de la *Pobla* à *Villanova*. . .	-½
de *Villanova* à *Ignalada*. . . .	-½

42 lieues.

VOYAGE DE

Nombre des lieues.

d'autre part.	42
d'*Ignalada* à *Yorba.*	1
d'*Yorba* à *Meson del Gancho.*	1
de *Meson del Gancho* à *santa Maria.*	½
de *santa Maria* à *Porcarises.*	1½
de *Porcarises* à *Meson nuevo de Monmaneu.*	½
de *Meson nuevo* à *Hostalets.*	1½
d'*Hostalets* à *Cerbera.*	1
de *Cerbera* à *Curulla.*	1
de *Curulla* à *Sarrega.*	1
de *Sarrega* à *Villagrasa.*	1
de *Villagrasa* à *Belpuch.*	1
de *Belpuch* à *Gormez.*	1
de *Gormez* à *Mollerusa.*	1
de *Mollerusa* à *Belloch.*	2

Ici on passe une riviere sur un pont.

de *Belloch* à *Lerida.*	2
de *Lerida* à *Alcaraz* derniere ville de Catalogne.	2

Ici on passe une riviere sur un pont.

d'*Alcaraz* à *Fraga* premiere ville d'Aragon.	3
de *Fraga* à *Venta de fraga.*	2

66 lieues.

de

LONDRES A GÊNES.

Nombre des lieues.

d'autre part.	66
de *Venta de fraga* à **Candasnos**.	2
de *Candasnos* à *Pennalba*.	1½
de *Pennalba* à *Bujalaroz*.	1½
de *Bujalaroz* à *venta de santa Lucia*.	3
de *Venta de santa Lucia* à *Osera*.	2
d'*Osera* à *Villa franca de Ebro*.	2
de *Villa Franca* à *Alfajarin*.	1
d'*Alfajarin* à *Puebla de Alfinden*.	1

Ici on passe deux rivieres, le *Gallego* & l'*Ebre* sur deux ponts.

de *Puebla* à *Saragosse*.	3
de *Saragosse* à *Santafé*.	1
de *Santafé* à *Maria*.	1
de *Maria* à *Venta de Martorita*.	1
de *Venta de Martorita* à *Venta de Mazota*.	½
de *Venta de Mazota* à *La muela*.	½
de *La Muela* à *Longares*.	3
de *Longares* à *Carinenna*.	1
de *Carinenna* à *Venta de san Martin*.	2
de *Venta de san Martin* à *Maynar*.	1½
de *Maynar* à *Retascon*.	1

95¼ lieues.

Tome IV. I

VOYAGE DE

Nombre des lieues.

d'autre part. 95½

Ici on passe une riviere sur un pont.

de *Retascon* à *Daroca*.	1
de *Daroca* à *Used* derniere ville d'Aragon.	2
d'*Used* à *Embid*.	3
d'*Embid* à *Fortuera*.	1
de *Fortuera* à *Tartanedo*.	2
de *Tartanedo* à *Concha*.	1
de *Concha* à *Anchuela del Campo* derniere ville du district nommé *El partido de Molina*.	1
d'*Anchuela del campo* à *Barbacil*.	2
de *Barbacil* à *Maranchon*.	1
de *Maranchon* à *Aquilarejo*.	2
d'*Aquilarejo*, à *Alcolea* derniere ville de la province ou du district nommé *Desoria*.	1
d'*Alcolea* à *Torremocha*.	2
de *Torremocha* à *Algora*.	1
d'*Algora* à *Grajanejos*.	4
de *Grajanejos* à *Triqueque*.	2
de *Triqueque* à *Torrija*.	1

122¼ lieues.

LONDRES A GÊNES.

Nombre des lieues.

d'autre part. 122½

de *Torrija* à *Valdenoches*. 2
de *Valdenoches* à *Guadalaxara*. . . 1

Ici on passe une riviere sur un pont auquel finit le district ou *Partido* de *Guadalaxara* & commence celui de *Alcarria*.

de *Guadalaxara* à *Venta de San Juan*. 2
de *Venta de San Juan* à *Venta de Meco*. 1
de *Venta de Meco* à *Alcala de henarez*, premiere ville de la nouvelle Castille. 1

Ici on passe deux petites rivieres à gué.

d'*Alcala* à *Torrejon de Ardoz*. . . 2

Ici on passe encore une troisieme riviere à gué.

d'*Ardoz* à *Puente de viveros*. . . . 1
de *Puente de viveros* à *Rejas*. . . 1
de *Rejas* à *Alameda* . . . . . . ½
d'*Alameda* à *Camillejas*. 1½

―――――
134½ lieues.

	Nombre des lieues.
d'autre part.	134½
Ici on passe une autre petite riviere à gué.	
de *Canillejas* à *Madrid*.	1
Total des lieues de *Perpignan* à *Madrid*.	135½

On sait très-bien, qu'on ne sauroit courir la poste en voiture dans aucune partie de l'Espagne, mais seulement à cheval à la maniere des courriers. Un de ceux-ci me dit, en Espagne, qu'il n'y a nulle part en Europe d'aussi bons chevaux pour cela que dans ce pays: peu de gens choisissent malgré cela cette maniere de voyager; & ceux qui sont dans l'intention de suivre la route que je viens de détailler ou toute autre d'Espagne, & qui ne se soucient pas de la faire à cheval, doivent avoir leur propre voiture, & louer des mules ou des chevaux: autrement ils sont obligés d'arrêter une voiture & des mules à *Perpignan*, où l'on peut toujours s'en procurer. Ceux qui font le voyage avec leurs propres voitures le trouveront fort cher, parce qu'en ce cas les muletiers ou les *Calesseros* doivent retourner de *Madrid* à *Perpignan* pour aller chercher leurs chaises, & il est clair qu'il faut leur payer l'allée & le retour; ce qui seroit différent s'ils les avoient avec eux, & qu'ils eussent l'expectative de pouvoir ramener quelqu'autre voyageur. La dépense de deux mules & de leur conducteur se monte ordinairement de seize à dix-huit livres par jour, sur le pied de dix à onze lieues. Lorsqu'on veut aller plus vîte, il faut payer cinq à six francs de plus: les muletiers étant alors obligés de changer de bêtes à *Barcelonne* & à *Saragosse*.

Il y a deux autres grandes routes, ou *Caminos de ruedas* à travers les Pirenées; l'une va de *Bayonne* à *Pampelune*, l'autre de *Bayonne* à *Vittoria*. Bayonne est la derniere ville considérable de France du côté de la Biscaye. *Pampelune* est la capitale de la *Navarre*, & *Vittoria* (si je ne me trompe) est la principale ville de la petite Province d'*Alavala*.

VOYAGE DE

ROUTE.

De Bayonne à Pampelune.

	Nombre des lieues.
de Bayonne à Médiondo.	4
de Médiondo à san Juan pie de puerto.	4
de san Juan à Roncesvalles.	4
de Roncesvalles à Burguete.	2
de Burguete à Espinar.	1
d'Espinar à Escaret.	1
d'Escaret à Zubiri.	1
de Zubiri à Verdey.	1
de Verdey à Garsuena.	½
de Garsuena à Ancholit.	½
de Ancholit à Irot.	1½
de Irot à Zabaldica.	1
de Zabaldica à Ugarte.	½
de Ugarte à Villalva.	1
de Villalva à Pampelune.	1
Total des lieues de Bayonne à Pampelune.	23

Il y a plusieurs endroits de cette route qui sont très-mauvais. Entre *san Juan Pie de Puerto* & *Roncesvalles* on trouve du côté de la France une affreufe pente de montagne, que l'on ne fauroit defcendre en Caroffe, fans le fecours de quatre paires de bœufs, c'eft-à-dire une paire pour trainer la voiture, & les trois autres pour la retenir par derriere, afin qu'elle defcende moins rapidement.

Le pays des environs de *Roncesvalles*, (Ronçevaux) & de *fan Juan* eft pierreux de tous côtés pendant l'efpace de plufieurs lieues, il n'y en a cependant aucun dont il foit plus queftion dans les anciens romans & dans les vieux poëmes; ni aucune bataille qui ait été plus fouvent décrite, que celle de *Ronçevaux*, dans laquelle *Roland* & les douze pairs de France perdirent la vie. Les reftes du brave Renaud ont été dépofés dans la petite Eglife du chetif village de *Roncevaux*; l'on y a confervé pendant plufieurs fiecles fon armure, ou partie de fes armes. C'eft du moins ce qu'affurent les gens du pays.

VOYAGE DE
ROUTE.
De Bayonne à Vittoria.

	Nombre des lieues.
de *Bayonne* à la riviere de *Bidaſſoa* nommée *Beovia* par les Eſpagnols.	6
de cette riviere juſqu'à *Irun*.	$\frac{1}{2}$
d'*Irun* juſqu'à *ſan Sebaſtian*.	$1\frac{1}{2}$
de *ſan Sebaſtian* à *Urnieta*.	1
d'*Urnieta* à *Anduaein*.	2
d'*Anduaein* à *Villabona*.	1
de *Villabona* à *Irure*.	$\frac{1}{2}$
d'*Irure* à *Toloſa*.	1
de *Toloſa* à *Alégria*.	$\frac{1}{2}$
d'*Alégria* à *Caſtariéta*.	$\frac{1}{2}$
de *Caſtariéta* à *Legorrieta*.	$\frac{1}{2}$
de *Legorrieta* à *Villefranca*.	1
de *Villefranca* à *Segura*.	2
de *Segura* à *Segama*.	1
de *Segama* à *Galarreta*.	3
de *Galarreta* à *Luzurriaga*.	$\frac{1}{2}$
de *Lazurriaga* à *Heredia*.	1
d'*Heredia* à *Audicana*.	$\frac{1}{2}$
d'*Audicana* à *Arbului*.	$1\frac{1}{2}$
d'*Arbului* à *La Raza*.	$\frac{1}{2}$
de *La Raza* à *Lorriaga*.	$\frac{1}{2}$
de *Lorriaga* à *Vittoria*.	1

Total des lieues de *Bayonne* à *Vittoria*. . . . . $27\frac{1}{2}$ lieues.

A

A *Vittoria* on eſt tout-à-fait hors des Pirenées, & on peut continuer ſon voyage pour *Madrid* par la *Puebla*, & *Miranda de Ebro* juſqu'à *Ameyugo*, petite ville diſtante de huit lieues de *Vittoria*. Je décrirai bientôt la route de *Madrid* à *Ameyugo*, & ferai mention de quelques particularités de la route même, l'ayant faite récemment, c'eſt-à-dire en février 1769. permettez que je décrive auparavant celle de *Bayonne* à *Madrid* que je fis en 1768. en paſſant par *Pampelune* & non par *Vittoria*, quoique je ſuſſe d'avance, qu'en traverſant les Pirenées par l'endroit où je les traverſai, j'aurois beaucoup plus de peine qu'en prenant l'autre chemin : mais je n'ai jamais beaucoup craint la peine en voyage, & j'ai ſuivi ce *Camino de Herradura* uniquement parce que peu de Voyageurs le prennent & que je me ſuis imaginé qu'il me procureroit la facilité de donner une deſcription que l'on ne trouveroit dans aucun autre livre.

ROUTE.

De Bayonne à Pampelune.

	Nombre des lieues.
de Bayonne à Ostariz.	2
D'Ostariz à Annoa.	2
D'Annoa à Maya.	2
de Maya à Berroeta.	2
de Berroeta à Lanz.	2
de Lanz à Ortiz.	2
d'Ortiz à Pampelune.	2
Total des lieues de Bayonne à Pampelune.	14

J'ai été quatre jours à faire ces quatorze lieues, je trouvai en plusieurs endroits le chemin assez mauvais pour effrayer quelqu'un qui auroit été un peu poltron; mais le Diable n'est pas toujours aussi noir qu'on le peint. Je rencontrai une compagnie de trois hommes, & de deux femmes qui le prenoient pour aller à *Pampelune*, & je me joignis à eux; nous convînmes avant notre départ, que le premier de nous qui feroit la moindre plainte contre la route, le temps ou les auberges défrayeroit tout le reste de la Compagnie pendant tout le voyage. Ce marché singulier nous tint tous en joie, car, au lieu de nous plaindre, nous étions tous empressés à louer ce qui nous déplaisoit le plus. Ainsi le vent qui nous incommodoit fort sur le sommet des montagnes, passoit pour un zéphir charmant; nous appellions le temps de neige un beau soleil; nous nous imaginions que ce qu'on nous servoit étoit des chapons, des petits pois, & d'autres mets de cette espece, & que nous dormions sur sept matelats de soye, comme autant de Reines Espagnoles, quoique nos lits fussent aussi durs que des pierres.

Nous partîmes de *Bayonne* à midi, & fumes coucher à *Annoá.* Nous nommâmes ces quatre lieues un chemin excellent, surtout dans les endroits où nous passions à travers une boue épaisse & profonde; ce qui nous arriva plusieurs fois. Par tout cependant le pays avoit un bel aspect très-pittoresque, & un grand nombre d'arbres, malgré la saison avancée, conservoient leur verdure. La *Posada* à Annoá, fut beaucoup meilleure que je ne comptois, nous y trouvâmes un excellent soupé & des lits propres; nous paſſames notre ſoirée à demander les noms de différentes choſes en *Baſque* aux gens de l'auberge, Je veux en donner ici quelques uns pour l'inſtruction des curieux auxquels il pourroit arriver de lire ma rélation, ou d'en avoir beſoin.

Dieu, Ghinquá.
Homme, Ghiſſoná.
Femme, Emaſtaquiá.
Oui, Monſieur, Bai yauna.
Non, Monſieur, Es yauna.
Oui, Madame, Bai Andriá.
Non, Madame, Es Andriá.
Le ſoleil, Igoſquiá.
La lune, Ilarguiá.
Les étoiles, Iſſarac.
Une maiſon, Achié.
Un chien, Sciaccourá.
Un chat, Catouya.
Un Rat, Arrotouiná.
Un cheval, Sammariá.
Une mule, Mandoá.
Un âne, Aſtoá.
Un bœuf, Illiá.
Une vache, Behiá.
Un mouton, Scicchirroá.
Un cochon, Scerriá.

Un loup, Oſcioá.
Du pain, Oghiá.
Du vin, Arnoá.
De la viande, Arraghiá.
Du poiſſon, Arraina.
La tête, Borrouva.
Le nez, Sudurra.
La bouche, Ahoá.
La langue, Mihia.
La main, Eſcouva.
Un garcon, Multila.
Un jeune fille, Neſcachia.
Le feu, Shouva.
L'eau, Aura *ou* Urá.
L'air, Airia.
La terre, Loura *ou* Lura.
Le firmament ou les cieux. Serruá.
Pere, Aità.
Mere, Ama.
Fils, Semeá.
Fille, Alavà.
Oncle, Oſſavá.
Tante, Izeba.
Couſin, } Iloba.
Neveu,
Une ſervante, Neſcatoá.
Un homme marié, Ghiſſoná eſcondoá,
Une femme mariée. Andriá eſcondoá.

Ceux qui poſſedent le *Dictionnaire Biſcayen* de *Laramendi*, peuvent par le moyen de ce petit nombre de mots, ſe former une idée de la différence qu'il y a entre le Biſcayen & le Baſque.

Le ſecond jour nous dinâmes à *Maya*, ayant dans la matinée laiſſé derriere nous la petite ville ou plutôt le village d'*Ordac*, qui eſt le premier d'Eſpagne; La premiere choſe qui me frappa en entrant ſur le territoire Eſpagnol fut un magnifique couvent habité par vingt-deux moines. Les bons Peres poſſedent dans le voiſinage des revenus plus que ſuffiſans; cependant on m'a aſſuré qu'ils avoient trouvé moyen de s'attirer la haine de tous ceux qui les environnoient, parce qu'ils avoient depuis peu fait revivre certaines prétentions ſur des terreins qui ſervoient depuis longtemps de Communes.

A *Maya* nous dinâmes autour d'un feu, qu'on avoit allumé au milieu d'une petite chambre; La fumée étoit fort incommode; mais en conſéquence de notre accord nous la nommâmes un parfum. Le *Poſadero*, nous donna des volailles fraichement tuées, du cochon mangeable, un peu de morue, du fromage, & des chataignes rôties, & ne nous fit payer que quinze sous par tête. Le pain étoit noir, mais de bon goût; & le vin auroit été excellent s'il avoit été plus vieux de quelques mois.

Avant le coucher du soleil nous arrivâmes à *Berroeta*, où nous eumes assez à manger, mais d'horribles chambres & des lits fort durs. Le matin nous montâmes pendant trois heures une montagne rapide, & dont le chemin étoit gâté en plusieurs endroits; dans l'après-midi nous traversâmes une large plaine, qui produit quantité de froment & de chanvre; il s'y trouve aussi de temps en temps beaucoup de pommiers, du fruit desquels les habitans font un cidre passablement bon. Nous trouvâmes que la montée du matin étoit bordée des deux côtés d'arbres de différentes espèces surtout de chênes & de chataigners. Nous ne trouvâmes personne à *Berroeta*, qui entendît l'Espagnol, à l'exception d'une petite fille fort eveillée; Elle nous chanta plusieurs chansons basques, dont les airs me plurent assez. J'y achetai d'un paysan *l'Imitation de Jésus-Christ* traduite en Biscayen du Latin de A *Kempis* par un prêtre de St. *Jean de Luz* nommé L'abbé *Chouno*. Cet Abbé eſt mort depuis peu, & a laiſſé après lui une ſi bonne réputation, que l'on n'en parle qu'en l'appellant le Saint. Les gens de *Berroeta*, affirment bien poſitivement que, lorsqu'il mourut, toutes les cloches de *St. Jean de Luz* ſonnèrent miraculeuſement d'elles-mêmes.

On brule à *Berroeta* une grande quantité de tiges de bled de turquie, ce qui prouve que cette production y eſt commune. Les habitans font du pain de ſa farine; ainſi qu'une eſpece de poudin ſemblable à la *polenta* des Italiens. Ils rempliſſent leurs paillaſſes des feuilles de cette plante, & comme elles ſont en quelque maniere élaſtiques; elles ôtent un peu de la dureté des matelats, qui ſont rembourés d'étoupes au lieu de plume ou de laine: vous ne ſauriez vous imaginer combien leurs meubles ſont groſſiers. Leurs tables ne ſont autre choſe qu'une planche épaiſſe de chaine, mal taillée, ſoutenue par quatre bâtons, & leurs chaiſes ne ſont que l'abrégé de ces tables. Une grande figure, mal faite à laquelle ils donnent le nom de *Notre-Dame* eſt l'ornement ordinaire de chaque chambre à coucher. Leurs cueilleres, & leurs fourchettes sont de buis, comme ceux de nos Capucins; & vous pouvez compter que les manches de leurs couteaux ne sont pas d'argent. On ne sait ce que c'est qu'un soufflet, du moins dans les *posadas*. Les femmes souflent le feu avec leurs tabliers d'une maniere fort adroite. Ils n'avoient point de Chandelles à *Berroeta*; ils faisoient usage de lampes de cuivre remplies d'une espece d'huile de baleine, comme les Lapons.

Lorsque nous quittâmes nos lits le matin du troisieme jour, nous nous apperçumes qu'il avoit négé toute la nuit: ce qui ne nous empêcha pas de partir sur les sept heures, nous montâmes successivement plusieurs hautes montagnes pendant deux heures, nous en remettant aux mules du soin de trouver le chemin, que la neige ne nous permettoit pas de voir nous mêmes. Entre neuf & dix heures nous nous trouvâmes dans une plaine pierreuse qui, autant que j'en pus juger, avoit environ une demie lieue: ce ne fut pas sans beaucoup de peine que nous la traversâmes, le vent étoit si violent & si froid qu'il empêchoit quelquefois les mules d'avancer. Cependant nous en fûmes dehors en un heure de temps; nous avions mis nos mouchoirs autour du visage, & nous arrivâmes heureusement & contre notre attente à la descente opposée. Il nous fallut encore une autre heure pour trouver *Lanz*; nous étions à moitié gelés. Je n'ai jamais fait de ma vie deux lieues aussi pénibles, & je n'aurois jamais cru que nos deux Dames les eussent finies sans se plaindre; elles s'en tirerent pourtant tout aussi bien que nous, & nous crierent plusieurs fois que cette plaine étoit *le Jardin des Pirenées*.

Nous eumes à *Lanz* un diner assez mauvais. Il ne consistoit qu'en *Abadejo* ou morue cuite à l'huile, que nous dévorâmes, l'air nous ayant à tous donné un appétit désordonné: nous fimes deux lieues de plus dans l'après midi, traversant une forêt garnie des plus gros chênes que j'eusse encore vus. Le Roi d'Espagne trouveroit dans cette seule forêt de quoi construire une marine formidable: la difficulté seroit de l'exploiter, les chemins étant impraticables. Nous arrivâmes à *Ortiz* à la nuit, où nous trouvâmes la *posada* excellente, comparée aux trois précédentes: nous y eumes un soupé très-copieux & d'assez bons lits. Quelques uns des gens de la *posada* parloient un peu Castillan, surtout les trois filles de la Posadera, qui étoient grandes, bien faites & jolies, extrêmement honnêtes & très-obligeantes; nous en fumes tout très-satisfaits, & elles le furent de nous; nous passâmes une partie de la nuit à causer, à chanter & à boire.

Le territoire d'*Ortiz*, qui s'étend une lieue à la ronde, étoit partout verd, l'air y étoit aussi tranquille, aussi doux & aussi tempéré qu'en Angleterre dans les plus beaux jours d'été. Il est étonnant combien le climat avoit changé en peu d'heures, & s'étoit radouci.

Le quatrieme jour nous ne fîmes que deux lieues dans la matinée, & arrivâmes à *Pampelune* pour dîner. La beauté romanesque de ce chemin ne sauroit se décrire. La route qui passe successivement dans le fond de plusieurs vallées étoit bordée en grande partie des deux côtés par des hayes de myrthes: nombre de ruisseaux arrosent ces vallées & les rendent très-fertiles. Tout près d'*O* riz, se trouve une riviere, à côté de laquelle on a formé un canal artificiel, dont l'eau est distribuée en différens endroits, & égaye des champs & des prairies: tout le pays fourmille d'habitations.

C'est de cette façon que je traversai les Pirénées de ce côté de l'Espagne. Les logemens en général ne paroitroient pas trop supportables à des gens un peu difficiles; pour moi j'étois étonné qu'ils ne fussent pas plus mauvais, vû que presqu'aucun voyageur de quelques considération ne prend cette route; & qu'elle n'est fréquentée que par un petit nombre de pauvres muletiers; qui ne s'embarassent guere des commodités de la vie, mangent tout ce qu'on leur présente, & dorment partout également. J'observai pourtant dans quelques villages des maisons qui me parurent assez bien bâties, avec des volets verds en dehors des fenêtres. Les habitans ne se contentent point ordinairement de guenilles, mais sont proprement vétus, les hommes s'enveloppant d'amples manteaux bruns lorsqu'ils sortent, & les femmes ayant sur le cou de beaux mouchoirs de foye, avec des manches étroites qui joignent & se ferment au poignet, leurs doubles tresses tombant le long de leurs épaules, entrelassés de larges rubans de différentes couleurs. Vous concevrez aisément que les gens de tout ce canton doivent être fort ignorans; étant en quelque façon séparés du reste des humains; sans entendre ni être entendus par le petit nombre de gens auxquels il arrive par hazard de traverser leur pays. Ils ne manquent cependant, autant qu'il m'a été possible d'en juger, ni de gentillesse, ni de gayeté. Ils paroissent assez contents de leur sort, ils le sont pour le moins autant que ceux qui jouissent de tous les agrémens de la vie.

Mes compagnons de voyage me quitterent à *Pampelune*, où je louai une chaise pour Madrid.

VOYAGE DE

ROUTE

De *Pampelune* à *Madrid*.

	Nombre des lieues.
de *Pampelune* à *Venta Vieja*.	1
de *Venta Vieja* à *venta del Piejo*.	2
de *venta del piejo* à *Mendivil*.	1
de *Mendivil* à *Barafuacin*.	1

Ici on passe une rivière sur un pont.

de *Barafuacin* à *Tafalla*.	1
de *Tafalla* à *venta del Morillete*.	3
de *venta del Morillete* à *Caparosso*.	1
de *Caparosso* à *Baltierra*.	3

Ici l'on passe l'Ebre dans un batteau.

de *Baltierra* à *venta de Castejon*.	1
de *venta de Castejon* à *Cintruenigo*.	3

Tout près de *Cintruenigo*, finit le Royaume de *Navarre*, & celui de la *vieille Castille* commence.

de *Cintruénigo* à *venta del postacillo*.	2
de *venta del postacillo* à *Agreda*.	2
d'*Agreda* à *Hinojosa*.	3
d'*Hinojosa* à *Almenar*.	2
d'*Almenar* à *Tapuelo*.	½

26½ lieues.

LONDRES A GÊNES.   215

Nombre des lieues.

d'autre part.	$26\frac{1}{2}$
de *Tapuela* à *Zamarcon*.	$\frac{1}{2}$
de *Zamarcon* à *Almaray*.	2
d'*Almaray* à *Almanzan*.	2
d'*Almanzan* à *Almantiga*.	$1\frac{2}{2}$
d'*Almantiga* à *Cobertolada*.	1
de *Cobertolada* à *Villages*.	$1\frac{1}{2}$
de *Villages* à *Barahona*.	$1\frac{1}{2}$
de *Barahona* à *Paredes*.	$1\frac{1}{2}$
de *Paredes* à venta de *Riofrir*.	3
de venta de *Riofrir* à *Riofrir*.	$\frac{1}{2}$

Ici on entre dans la *Nouvelle Castille*.

de *Riofrir* à *Rebollosa*.	$\frac{1}{2}$

Ici on passe une riviere sur un pont.

de *Rebollosa* à *Jérueque*.	$2\frac{1}{2}$
de *Jérueque* à *Jadraque*.	$\frac{1}{2}$
de *Jadraque* à *Casas de Galindo*.	$\frac{1}{2}$
de *Casas de Galindo* à *Padilla*.	$\frac{1}{2}$
de *Padilla* à *Hita*.	$\frac{1}{2}$
de *Hita* à *Sopetran*.	$\frac{1}{2}$

On repasse ici une seconde fois là précedente riviere dans un bac.

de *Sopetran* à *Héras*.	1
	48 lieues.

	Nombre des lieues.
d'autre part.	48
de *Héras* à *Hontenar*.	1
de *Hontanar* à *Marchamalo*.	1
de *Marchamalo* à *Aloera*.	1
d'*Aloera* à *Azuqueca*.	$\frac{1}{2}$
d'*Azuqueca* à *venta de Meco*.	2
de *Venta de Meco* à *Alcala de henarez*.	1
d'*Alcala* à *Madrid*.	6
Total des lieues de *Pampelune* à *Madrid*.	60.

Détails sur cette route.

Pampelune, quoique petite, a une Citadelle, une place & quelques promenades publiques, qui meritent l'attention des voyageurs. Sa Cathedrale est Gothique; sa façade est bizarement ornée de figures, de chats, de cochons de lait, de singes, & d'autres animaux; représentés en différentes attitudes grotesques, cette façade m'a rappellé l'Eglise des *Bénédictins de Bordeaux*, bâtie à ce que ces moines prétendent par Henri II. Roi d'Angleterre du temps que les Anglois possédoient la Guyenne. Cette Eglise

Eglife a trois portes; les arches qui font au deffus des deux latérales préfentent plufieurs petites figures nues d'hommes & de femmes, dans des attitudes très-indécentes. Les architectes dans le goût Gothique avoient fouvent, fi j'en juge par ce que j'ai vu d'eux, les idées du monde les plus baroques. Le nombre des habitans de *Pampelune* ne fe monte qu'à fept mille, quoique cette ville foit la Capitale d'un Royaume, dont deux des premiers monarques du monde ne dédaignent pas de fe dire Rois.

16 Décembre 1768.

Je partis de *Pampelune* vers le midi, & fus coucher à *Tafalla*.

Lorfque la *Navarre* avoit fes propres Souverains, & avant qu'elle appartint à l'Efpagne, *Tafalla* étoit une ville de quelque confidération, & avoit une univerfité: à préfent je n'y ai trouvé de remarquable qu'une *pofada*, l'une des meilleures que j'euffe rencontrées en Efpagne. C'eft dans cette ville où le Bifcayen finit entierement, & qu'on commence à parler *Efpagnol*. Je fus incommodé à *Pampelune* & à *Tafalla* des mouches : cette circonstance vous donnera une idée de la douceur du climat dans cette saison. L'espace qui se trouve entre ces deux villes est principalement semé en bled, & est par-tout uni. Les hautes montagnes qui entourent cette plaine de tous côtés présentent un coup d'œil magnifique.

17 Décembre.

Diné à *Caparroso*, & soupé à *Baltierra* ou *Voltierra*.

La route du matin étoit à travers une plaine stérile, & l'après midi à travers une autre fertile: à *Baltierra* & à *Caparroso* on brule une grande quantité de romarin, en guise de bois, qui donne une odeur agréable aux cuisines; la charge d'une âne de cette plante ne coute qu'un real, ou environ douze sols. Je demandai à une jeune & jolie femme de *Caparroso* si elle étoit mariée, elle me répondit que non. Quelqu'un de la compagnie ayant insisté, & l'ayant priée de lui dire si elle n'avoit pas envie de l'être; *El desseo no falta*, ajouta-t-elle gravement, *mas los hombros buenos faltan*: *L'envie ne manque pas, mais les bons maris manquent.* La précision de cette expression me fit tant de plaisir que je la notai sur mes tablettes.

Caparroso est fameuse dans toute l'Espagne, pour une race de *Perdigueros* ou de chiens couchants que l'on regarde comme les meilleurs du Royaume.

18 Décembre.

Je traversai dans la matinée un Désert qui ne produit que du thin, & par ci par-là une plante de romarin; j'ai passé dans un bateau la riviere *d'Ebro :* j'ai diné à *Cintruénigo* & soupé à la *venta del Portacillo,* ou de *Cervera* selon d'autres.

Cintruénigo, village dans une situation très-champêtre, est environné de beaux vignobles & de bois d'oliviers. Je n'en ai jamais vu d'aussi beaux que ceux-ci, je n'avois point l'idée qu'il y en eût d'aussi hauts & d'aussi gros. Me promenant dans les environs pendant qu'on préparoit le diné, j'ai vu nombre d'hommes sur ces arbres, faisant tomber les olives que des femmes & des enfans, qui étoient dessous, ramassoient dans des paniers d'ozier & portoient ensuite au logis.

Les olives de ce pays, lorsqu'elles sont dans leur parfaite maturité, sont d'une couleur tirant sur le bleu & rendent, lorsqu'elles sont doucement pressées, une liqueur d'un beau cramoisi. J'ai goûté de cette liqueur du bout de la langue ; elle a un goût désagréable, une odeur qui répugne, & elle a une qualité si caustique qu'elle fait venir sur le champ des vessies à ceux mêmes qui ont la peau la plus dure. Il est étonnant qu'une pareille liqueur puisse devenir douce & perdre sa qualité nocible, après avoir été mise sous le pressoir, & avoir un peu fermenté.

On me servit à diné d'excellent mouton, & une omelette à l'huile au lieu de beurre, & des raisins pourprés, tout aussi bons que s'ils venoient d'être cueillis, les grains en étoient extraordinairement gros. Dans la chambre où je mangeai se trouvoit un St. François ou un St. Antoine aussi grand que nature, tenant un enfant dans ses bras qui avoit à peine un empan de long. Cette disproportion me parut absurde ; la maitresse de la *Posada* ne s'en appercevoit point, & lui faisoit de profondes révérences, ainsi que les autres femmes, toutes les fois qu'elles paſſoient devant lui, les hommes lui ôtoient leurs chapeaux & le ſaluoient.

La *Venta del Portacillo* eſt le plus mauvais logement que j'aie jamais eu. Les voyageurs feront bien, s'il leur eſt poſſible, de l'éviter, ſurtout le ſoir ; le peu de chambres qui s'y trouvent ſont ſi dégoutantes, qu'à peine voudrois-je permettre à mon chien de les habiter. Il eſt inutile de dire ce qui les rend telles. J'ai paſſé la nuit aſſis, & ſommeillant dans ma voiture avec mon Caleſſero qui avoit le droit d'y coucher toutes les nuits ; j'aimai mieux en faire de même, que de dormir à terre dans l'écurie, ainſi que font ordinairement les muletiers, envéloppés dans les couvertures de leurs mules. Le ſoupé qu'on me ſervit, étoit aſſorti au logement, il conſiſtoit en viande de chevre hachée, frite dans une poëlle de fer avec un peu de lard rance: pour rendre ce mêts plus délicieux, on l'avoit fortement aſſaiſonné d'aux d'oignons, & de poivre. Ce ragout parut excellent à une bande de muletiers qui le dévorerent avec la plus grande voracité. Pour moi je trempai quelque peu de pain dans du chocolât & je donnai à ce repas le nom de déjeuné du soir.

Cette *Venta* se trouve isolée au fond d'une vallée pierreuse. Je charmai les ennuis de la soirée en causant avec ces muletiers devant le feu d'une cuisine sombre au plein pied qui étoit pavée de cailloux de différentes formes. Il ne s'y trouvoit point de jolies filles gaies & coquettes, comme il s'en trouve ordinairement dans plusieurs autres endroits de la *Navarre* & dans la *Biscaye*, mais seulement deux femmes laides, toutes deux de mauvaise humeur contre leurs maris, leurs hôtes, leurs chats & elles mêmes. Je fus enchanté lorsque le jour commença à paroitre.

Toute la route de *Pampelune* jusqu'à *venta del Portacillo* est aussi large & aussi belle que celles de France. Le brave Général *Gage*, dernier Vice-Roi de Navarre, l'a fait finir depuis peu d'années. Il se proposoit de faire élargir, & réparer tous les grands chemins de son gouvernement: mais la mort la empêché d'exécuter son dessein. Il forçoit les paysans d'y travailler tour à tour, & par corvées comme on fait en France; & afin de les empêcher de murmurer, il leur faifoit diftribuer de l'argent de fes propres déniers, en fi grande quantité qu'il s'eft ruiné & eft mort tout-à-fait pauvre. On lui a élevé un fuperbe maufolée aux dépens du public, dans une des Eglifes de *Pampelune*. C'eft dommage que tous les Vice-Rois, & tous les Gouverneurs de Provinces d'Efpagne ne foient pas animés du même efprit.

19 *Décembre*.

Diné à *Agreda* & foupé à *Hinojofa*. De la *venta del Portacillo* jufqu'à *Agreda*, la route étoit pierreufe, & mauvaife: elle l'étoit encore plus d'*Agreda* à *Hinajofa*; il faut monter une montagne efcarpée connue fous le nom de *Monte Madero*. J'en eus pendant toute la journée une autre en vue, nommée *La Sierra de Mayo*, dont le fommet élevé eft toujours couvert de neige, ainfi que ceux des montagnes les plus élevées des Alpes.

Agreda eft une vilaine ville, fituée fur le côté d'une éminence, Je n'ai jamais vu de rues auffi mal pavées & auffi incommodes; fon territoire paroît cependant fertile, & préfente plufieurs vues pittorefques. Les habitans ont la plus grande dévotion à une fainte nommée *Marie d'Agreda*, dont ils racontent nombre d'hiftoires abfurdes, & puériles. Il eft étonnant que le Pere *Frai Ximenés de Samaniégo*, ait ofé mettre les contes qu'il a inventés, pour honorer cette fainte de fon pays, dans la vie qu'il a publiée d'elle. Je n'ai jamais lu de livre plus ridicule : il fuffiroit feul pour juftifier le proverbe François. *Il eft menteur comme la vie des faints.*

Les murs de la chambre de la *pofada* à *Agreda*, étoient barbouillés de vers & de profe. J'en ai parcouru une partie, je n'ai jamais vu pareil mélange de dévotion mal entendue, & de fottifes fans fel.

Les voyageurs font obligés à *Agreda* d'aller à un Bureau pour y demander un *Guia* ou *paffe-port* pour leur perfonne & pour leur bagage. Ces *Guias* s'accordent *gratis* : le commis qui me donna le mien, me reçut très-poliment, & quitta fon diné pour l'écrire.

Hinojofa, eft un pauvre village, fitué au fommet d'une Montagne. Les gens de la *Pofada* furent très-honnêtes, & firent

de

de leur mieux pour me bien coucher ; ils remplirent pour cela une paillasse de paille fraiche. Ils furent tous fort étonnés en me voyant écrire avec une *pluma de palo fin tenta.* Une plume de bois sans encre. C'est ainsi qu'ils nommoient mon crayon ; la bonne *posadera* parut fort reconnoissante de la grande générosité avec laquelle j'en donnai un à son fils, après lui avoir montré comment il falloit le tailler. Personne des *assistans* n'en avoit aucune idée, tous l'examinerent très-attentivement ; ce qui ne laissa pas que de m'amuser. Dans différens autres endroits de l'Espagne & dans le pays des *Basques*, j'ai trouvé bien des gens qui admiroient cette invention, & regardoient un crayon comme quelque chose de merveilleux.

20 *Décembre*.

Dîné à *Almaray* & soupé à *Almazan*.
D'*Hinojosa* à *Almaray* le pays est rempli de sources, au point qu'elles rendent en quelques endroits le chemin impraticable, & ce ne fut qu'en redoublant d'efforts, que les mules parvinrent à tirer la chaise des fréquentes fondrieres. Tant

à *Almaray* qu'à *Almazan*, les *Pofadas* font très-mauvaifes. On y a de mauvais pain, de mauvais vin, de mauvaife viande, de mauvaifes chambres, & de mauvais lits.

21 *Décembre.*

Diné à *Barahona* qu'on prononce ordinairement *Barauna*, & foupé à *Riofrio*.

Barahona, diftinguée par l'épithete ridicule de *Lugar de Brujas, Ville des forcieres.* Lorfqu'il eft queftion, dans une Comédie Efpagnole, d'une femme de *Barahona*, fouvenez-vous que cela fignifie, une *vieille forciere, une vieille magicienne*; c'eft une des plaifanteries les plus ordinaires des Efpagnols, dont je n'ai pu encore découvrir l'origine. Le Docteur *Aldrete* dans fon *Dictionnaire Etymologique Efpagnol*, dit feulement au mot *Barahona*: ,, que ,, l'on affure que dans ce Canton les for- ,, ciers des deux fexes s'affembloient pour ,, y célébrer leurs abominations, incités à ,, cela par le Démon." Il ajoute encore ce peu de mots avec une gravité digne d'un Efpagnol. ,, C'eft une fable à ,, laquelle on ne doit point ajouter foi."

Quoique le foleil parût dans tout fon brillant, & qu'on vît fort clair dehors, nous ne pouvions point nous reconnoître les uns les autres dans la cuisine de la *Posada*, qui est distribuée de façon qu'elle n'a d'autre lumiere, que celle qu'elle tire d'une petite ouverture au plancher, au travers de laqu'elle la fumée de la cheminée sort avec beaucoup de peine. Ce fut auprès de ce feu que je dinai avec un officier Espagnol: on nous servit quelques œufs durs, & du *Piment*, ou *Poivre d'Espagne confit au vinaigre*. L'officier se vengea de la mauvaise chere, en tourmentant la vieille *posadera* par quantité de plaisanteries contre les vieilles femmes du pays, & la mit si fort en colere qu'elle lui prodigua les injures les plus grossieres: ce qui amusa beaucoup quelques soldats qu'il avoit à sa suite, & qui rirent de tout leur cœur. Je n'ai jamais entendu de plus plaisant dialogue.

Mon soupé à *Riofrio*, ne fut pas beaucoup meilleur que mon diné de *Barahona*; mais je fus spectateur d'une danse vive & gaie qui s'exécuta tout près de la table où je mangeois; ce qui rendit ma soirée assez supportable. Je passai la nuit dans une chambre sans fenêtres, & dans un lit trop court, ce qui fut encore pire. Les Castillans ainsi que les Navarrois sont en général d'une taille assez avantageuse; cependant dans la Navarre & dans la Castille les lits sont si courts, qu'un homme de grandeur ordinaire ne sauroit s'y étendre.

Comme je faisois route dans la matinée, je rencontrai trois hommes qui s'en alloient à pied à *Madrid*. Je marchai pendant quelque temps avec eux, après leur avoir donné la permission de mettre leurs *Capas* ou *Manteaux* qui les embarrassoient, en marchant, dans ma chaise. Outre sa *Capa* l'un d'eux y mit aussi son chapeau, mais il le plaça si négligemment qu'il tomba sans qu'on s'en apperçût & fut perdu *Alabado sea el santissimo* (loué soit le très-saint) dit le pauvre homme, au moment qu'il fut instruit de cet accident; il prononça ces mots d'un ton si pénétré & avec un si grand air de résignation que j'en fus vivement touché; en pareille occasion un Anglois auroit plutôt juré que prié; mais il s'en manque de beaucoup que les Espagnols soient aussi prêts à jurer & à maudire que ces premiers. Une prompte & sage réflexion, accompagnée de patience dans les malheurs sans remede, sont des vertus, autant que j'ai pu m'en appercevoir, que l'on pratique plus fréquemment en Espagne, que dans aucun autre pays Chrétien. Mon Calessero dans les pas les plus difficiles, ne perdoit jamais ou très-rarement son sens froid ; il faisoit tous les efforts possibles pour soutenir la chaise, & encourager ses mules, sans faire usage de juremens, se contentant seulement de les appeller Démons, lorsqu'il s'appercevoit qu'elles ne lui obéissoient pas aussitôt qu'il l'auroit voulu.

22 Décembre.

Diné à *Jadraque* & soupé à *Padilla*. Notre marche du matin dura trois grandes heures à travers d'un pays montueux, dont une partie étoit couverte d'arbres monstrueux ; le reste cultivé & semé en froment. On doit observer qu'en Espagne, le laboureur ne trace point ses sillons aussi droits, & aussi égaux que les cultivateurs Anglois & Italiens : cette négligence est surtout remarquable dans les champs que j'ai vus dans la journée.

J'envoyai chercher à *Jadraque* un barbier pour me coëffer, il me fit répondre qu'il ne pouvoit pas venir ; parce qu'il faisoit un si beau soleil, qu'il seroit dommage de n'en pas jouir, surtout après les

K 7

temps nébuleux qui avoient duré si long-temps. Avez-vous jamais oui parler d'un pareil Héliotrope ? Il n'y a qu'un Espagnol qui eut osé alléguer une pareille raison pour se dispenser dans une circonstance semblable de gagner quelques sous.

Je vis près de *Padilla*, une femme qui vendoit des pommes à la livre ; ses balances étoient deux petits panniers d'osier, le fleau un bâton, les panniers pendoient à des ficelles : cette invention me parut fort simple.

23 *Décembre.*

Diné à *Hontanar* & soupé à *Aloéra* ou *La Louera*, pauvre *Posada* au premier de ces endroits, & une encore plus pauvre au second, cependant à *Aloéra* je m'amusai à entendre des *Seguedillas* impromptues, chantées par deux jolies filles qui, en partant, ne voulurent me permettre de baiser que leurs fronts, quoique l'une n'eut que onze & l'autre dix ans.

24 *Décembre.*

Traversé *Alcala de henarez* avant jour ; j'eus un assez bon diné à *Torrejo de Ar-*

dez & arrivai le soir à Madrid. A la *Puente de Viveros*, je lus sur la muraille d'une petite & assez méchante maison, habitée par un homme chargé de recevoir un droit modique de ceux qui passent sur le pont, cette inscription. *Hizo est a obra siendo corregidor de la villa de Madrid el sennor Don Alonzo Peres Delgado.* Cet ouvrage a été fait par Don Alonzo Peres Delgado tandis qu'il étoit Corregidor de la ville de Madrid. J'aime beaucoup la simplicité de cette inscription, quoiqu'il me paroisse assez ridicule, qu'un premier Magistrat soit si avide de réputation, qu'il cherche à transmettre son nom à la postérité, à l'occasion d'une maison aussi chétive que celle de ce pontenier.

C'est ainsi que je finis heureusement mon voyage de *Bayonne* à *Madrid* quoiqu'entrepris dans la saison la plus rigoureuse, à travers des Montagnes très pénibles, & des régions dont les habitants sont encore fort inférieurs à ceux des autres nations, relativement aux commodités de la vie. Dans la *Vieille Castille*, surtout on s'apperçoit de cette infériorité dans l'art de bâtir, qui parmi les arts nécessaires, doit être regardé comme le plus indispensable; l'entrée des maisons

Tome IV.

de la *vieille Castille* est ordinairement par l'écurie, ce qui, ainsi qu'il vous est facile de vous l'imaginer, cause une grande malpropreté dans toute la maison, à laquelle on ne sauroit remédier. Il y en a peu qui aient plus d'un étage au dessus du rés de chaussée, & il est assez ordinaire d'en trouver où il y ait deux ou trois chambres absolument sans fenêtres, & qui ne reçoivent qu'un peu de jour soit par la porte ou par une ouverture au plancher. Le dedans de leurs murailles ressemble assez à l'extérieur, n'étant couvertes ni de plâtre, ni de papier, ni de planches, ni d'aucune autre chose; leurs parquets ne sont pas plus beaux que leurs murailles, ne consistant qu'en une rangée de briques, quelquefois de cailloux grossierement joints par du mortier, si mal composé qu'il se dissipe bientôt en poussiere, & laisse les briques & les cailloux sans aucune liaison: il en est de même des escaliers; qui paroissent en général destinés à faire rompre le cou de ceux qui les montent, les marches en étant inégales, quelques-unes hautes, & d'autres basses, de sorte qu'on ne sauroit trop prendre garde à soi: malgré cela, la façade de plusieurs de ces maisons, toutes chétives qu'elles sont, est souvent décorée des armes du propriétaire sculptées en pierre & fixées sur la principale porte.

Les Caves sous terre, ne sont pas trop en usage dans *la vieille Castille*, & je n'y ai vu d'autre cheminée que celle de la Cuisine. C'est devant ce feu que chaque voyageur doit prendre place en hiver avec le *posadero* & sa famille, & presque toujours avec une foule de muletiers, de conducteurs d'ânes, & de paysans de toute espece, chacun fumant sa *Cigarra*, c'est-à-dire un petit bout de tabac plié dans du papier, qui lui sert de pipe (21).

Souvent aux *posadas* vous n'avez d'autre table que vos genoux, ou un banc sur lequel vous vous mettez à cheval: vous vous imaginez bien que des gens qui n'ont ni tables, ni chaises, doivent manquer aussi de plusieurs autres meubles, surtout de linge de table & de draps de lit; & que le peu qu'ils en ont est bien éloigné d'être beau, & bien

---

(21) L'Auteur se trompe, la *Cigarra*, Cigale, est composée de plusieurs feuilles de tabac roulées ensemble en forme de tuyau, il n'y entre point de papier; ce tuyau est ce qui sert de pipe.

travaillé: l'ufage des chandeles & des chandéliers leur eft entierement inconnu, on ne s'en fert prefque nulle part: leurs luminaires ordinaires font des efpeces de coupes de fer pleines de mauvaife huile, ou de quelqu'autre matiere graiſſeuſe qu'ils pendent, par un manche, ou par une courte chaine de fer, à un clou au deſſous de la cheminée, plaçent fur une chaife, ou pofent à terre comme cela fe rencontre : j'ai déjà dit qu'en plufieurs endroits ils n'avoient que des cueilleres & des fourchettes de buis. Les portes de leurs chambres (dont quelques unes n'en ont point du tout,) paroiſſent généralement avoir été faites fans le fecours du charpentier ou du ferrurier. Deforte qu'à peine en peut-on trouver une feule qu'on ne force facilement en la pouſſant très-légerement. Il eſt vrai qu'une bonne porte, & une forte ferrure, font peu néceſſaires dans un pays, où il n'y a prefque rien qui vaille la peine d'être volé, & où par conféquent, les gens ne font guere accoutumés à s'apropprier ce qui appartient aux autres. Il eſt cependant toujours très-prudent à un voyageur, de prendre foin de ce qu'il a, & de ne point tenter personne: les *posaderos* n'étant point résponsables dans aucune province d'Espagne, de ce que l'on peut voler chez eux aux étrangers.

L'habillement des hommes depuis *Pampelune* jusqu'à *Madrid*, est semblable à celui de tous les Européens, & consiste en un habit, une veste & une paire de culottes; mais les habitans de la *Vieille Castille* & les *Navarrois* portent par dessus, la *Capa*, que j'ai déja décrite; ainsi que la plûpart des autres Espagnols. L'habit de leurs femmes, ne differe pas non plus de celui qu'on porte dans les autres Provinces, excepté que leurs jupes sont ordinairement vertes.

Tant les Navarrois que les habitans de la *Vieille Castille* sont de belle taille, & paroissent en général très-robustes. La plus grande partie ont de grands yeux noirs fort vifs & les nés parfaitement bien faits. Leur teint est aussi moins brun que celui des habitans de la *Nouvelle Castille* & de l'*Estramadour*.

En mettant pied à terre dans une posada, à peine quelqu'un de la maison vous fait-il compliment sur votre arrivée, & fait attention à vous jusqu'à ce que vous demandiez quelque chose. Des voyageurs un peu pointilleux ne s'accomodent guere d'une pareille réception ; ils se fâchent, parlent haut, & mettent les autres d'aussi mauvaise humeur qu'eux par leurs gronderies & leurs juremens. Mais on ne sauroit détruire des usages enracinés par le temps & l'habitude ; chaque nation a les siens. Les Espagnols semblent penser qu'il est inutile d'offrir leurs services avant qu'on les leur demande : permettez moi donc, de recommander, comme la méthode la plus efficace, celle de se tenir tranquille, d'agir & de parler sans humeur & poliment. En m'y conformant j'ai toujours trouvé le moyen en peu de minutes d'avoir les maîtres & les domestiques à ma disposition ; & j'ai eu rarement sujet de me plaindre de leur grossiereté ou de leur manque d'attention. Une assez longue expérience m'a appris qu'il étoit très-facile de rendre les gens de cette espece honnêtes & serviables, & qu'il ne dépendoit que d'un étranger d'avoir bientôt autant de domestiques à ses ordres qu'il y a de gens dans la *Posada*, sans en excepter même les plus rustres muletiers, avec lesquels, soit dit en passant, je n'ai jamais hésité un moment de boire, de manger, & de faire la converſation lorſque l'occaſion s'en eſt préſentée, & je m'en ſuis toujours bien trouvé; car autrement j'aurois ſouvent été obligé de me tenir ſeul dans mon coin, ſans avoir perſonne à qui parler. Les muletiers en Eſpagne ne forment pas la partie la moins conſidérable de la nation; on m'a aſſuré qu'il y en avoit pluſieurs parmi eux qui poſſédoient de grandes richeſſes. On en rencontre des troupes très-nombreuſes dans tous les grands chemins, & on les entend de loin au moyen du *Cencerro*, qui eſt une eſpece de groſſe ſonnette toute particuliere, pendue au côté d'une des mules toutes les fois qu'il y en a pluſieurs enſemble. Il eſt temps à préſent de parler un peu de Madrid.

L'entrée par la porte d'Alcala offre une très-belle perſpective; on trouve d'abord une rue en pente, qui a près d'un demi mille de longueur, & qui eſt pour le moins auſſi large que la plus large de Londres, avec pluſieurs bonnes & vaſtes maiſons & autres édifices des deux côtés. Ce fut quelque choſe de bien agréable pour moi de la voir ſans ordures, ce qui n'étoit pas à beaucoup près la même chose lorsque j'y passai pour la premiere fois, huit ans auparavant.

Je me logeai à la *fontana d'Oro*. (La fontaine d'or) qui passe pour la meilleure auberge de Madrid; mais quoique j'y fusse passablement bien logé & bien traité, comme je me proposois d'y passer le Carnaval, je crus qu'il convenoit de prendre un appartement en maison bourgeoise; & il ne sera pas hors de propos de dire pour l'instruction des voyageurs, qu'à l'auberge on me faisoit payer sur le pied de six reaux par jour pour le loyer de deux chambres, dix reaux pour mon diné, & huit pour mon soupé. La dépense dans mon appartement bourgeois se montoit à quelque chose de plus; mais mes chambres étoient aussi plus grandes, & plus décemment meublées. Ajoutant huit ou neuf réaux par jour pour un valet, & trente pour un Carosse de remise, la dépense nécessaire d'un étranger d'une condition ordinaire se montera à environ quatre piastres fortes par jour: j'ai déjà dit qu'une piastre forte valoit environ cinq Livres, cinq sols.

Pendant les deux mois que j'ai séjourné dans cette ville, il eſt aiſé de s'imaginer qu'ayant ci-devant écrit la rélation de mon précédent voyage en Eſpagne; je n'ai pas manqué de chercher à me procurer des informations, qui me miſſent à même de corriger mes fautes & de l'augmenter de maniere à pouvoir le publier en toute aſſurance. Dans cette vue j'ai fréquenté aſſidûment tous les lieux publics & j'ai recherché autant qu'il m'a été poſſible la ſociété des gens du pays; ainſi que celle des étrangers qui y avoient réſidé quelque temps: & j'ai été aſſez heureux, malgré la perte que j'avois faite de mon ami Don Felix d'Abreu, que la mort m'avoit enlevé, pour trouver d'autres amis & d'autres connoiſſances qui me préſenterent en peu de jours chez un bon nombre de gens de différentes conditions & profeſſions; de ſorte qu'outre que je paſſai ce court intervale avec beaucoup de ſatisfaction, je parvins en même temps au but que je m'étois propoſé de corriger quelques erreurs qui s'étoient gliſſées dans la premiere rélation de mon voyage, & de l'augmenter d'un nombre conſidérable de particularités qui m'ont parues intéreſſantes; & j'eſpere que par leur moyen mes lecteurs feront mieux en état de fe former une jufte idée de la nation Efpagnole, que fi je m'étois apéfanti fur leurs mœurs & leurs coutumes avec une affectation pédantefque, ainfi que plufieurs voyageurs ont ofé le faire avant moi; méthode qui me paroît ne leur avoir pas fait un grand honneur.

J'ai déjà dit dans mes précédentes lettres tout ce que j'avois à dire de la langue & de la littérature Efpagnole. J'ajouterai feulement rélativement au Théatre Efpagnol, que je n'ai pas été auffi content que je l'efpérois de la repréfentation de leurs Tragédies & de leurs Comédies. La façon de leurs acteurs, en prononçant leurs fréquens octofillabes d'une maniere auffi lente qu'ils le font, m'a parue plutôt défagréable à l'oreille que mélodieufe, & m'a fouvent fait fouhaiter que leur débit fût un peu plus vif & plus prompt. Je ne dois cependant pas m'en prendre de l'ennui que j'ai eu au peu de talent des acteurs que j'ai vu repréfenter, encore moins à aucun défaut de la verfification Efpagnole. La raifon de ce dégoût pourroit bien venir du peu d'habitude que j'ai de leur déclamation théatrale.

Je

LONDRES A GÊNES.

Je pourrois encore dire que leurs Comédiens m'ont tout autant furpris par leur jeu que par leur déclamation; & pour vous dire mon fentiment, il m'a paru que dans la Tragédie ils démontoient leur figure & pouffoient la gefticulation jufqu'à l'extravagance & jufqu'à la caricature dans la Comédie: on ne doit pas non plus faire grand cas de cette décifion; je ne vous la donne que comme un avertiffement aux voyageurs étrangers pour ne pas trop précipiter leurs Jugemens ainfi qu'ils le font ordinairement. Je n'ai pas encore oublié les détails prématurés que j'envoyai à mes amis d'Italie fur l'inimitable *Garrick* lors de mon premier Voyage à Londres; J'en ai depuis fouvent rougi. Le jugement précipité que je portai contre lui & contre quelques autres Acteurs Anglois m'empêche d'en dire davantage pour le préfent des Acteurs Efpagnols. Si j'avois à demeurer feulement une année à Madrid, il eft plus que probable que je me familiariferois avec la prononciation & le jeu de ceux que les Efpagnols s'accordent à trouver bons Acteurs.

Les Efpagnols ont une efpece de Drame en mufique qu'ils nomment *Zar-*

zuelas burlescas. Non seulement ces Drames m'ont fait plaisir; mais ils m'ont paru encore plus amusans que nos Opera Comiques Italiens. La musique d'un *Opera Buffa* (boufon) est peut-être plus savante, (comme disent les François) que celle d'une *Zarzuela burlesca*; il me paroît jusque-là que l'avantage est en notre faveur, mais d'un autre côté nos drames de cette espece sont de si détestables rapsodies, si peu spirituelles & si grossieres, que l'excellence de la musique ne sauroit jamais compenser leur sottise, & leur défaut d'invention, tandis que dans les *Zarzuelas* des Espagnols, le musicien ne fait pas seul tous les frais; l'auteur des paroles entre pour quelque chose & tâche de partager au moins l'honneur du succès. Ce cas a été celui d'une de ces pieces intitulée *Las Segadoras* (Les moissonneuses) réprésentée à Madrid en 1768, composée par *Don Ramon de la Cruz*, & mise en musique par *Don Antonio Rodriguez de Hira*: plusieurs scenes m'ont parues assez insipides; mais la rusticité des paysans Espagnols y est peinte au naturel & bien soutenue; seulement le *Cavallero de Madrid*, avec sa trop affectée *Criada*, paroissent s'éloigner trop de la vérité; les acteurs ne s'occupoient pas uniquement comme font les nôtres de leurs ports de voix & de leurs cadences; mais ils exprimoient le sens des paroles, & avec une propriété tout à fait inconnue à la plus grande partie des nôtres, qui prennent souvent la grimace pour l'expression, la bouffonnerie pour la vivacité, & l'impudence la plus indécente pour la grace & le feu.

Les salles de spectacle de Madrid ont leur disposition particuliere ainsi que celles d'Angleterre, de France & d'Italie: voici relativement aux spectateurs quelles sont les différentes parties d'une salle de Comédie Espagnole. *El Patio*, la *Luneta*, las *Gradas*, la *Cazuela*, la *Tertulia* los *Aposentos* & los *Aloseros*. Il faut que je vous explique ces différens termes.

El *Patio*.

C'est ainsi qu'on nomme le *Parterre*, dans lequel n'entrent que des hommes: on s'y tient de bout, & il n'est fréquenté que par la populace.

L 2

La *Luneta*.

Ceci est un lieu renfermé entre *l'Orchestra* & le *Patio* qui ne contient que deux ou trois bancs, & où se placent seulement des Gentils-hommes.

Las *Gradas*.

Ce sont quelques rangs de marches, qui sont à la droite & à la gauche du *Patio*, disposés en forme d'Amphithéâtre : cette place est pour des Gentils-hommes comme la *Luneta*.

La *Cazuela*.

C'est une espece de galerie vis-à-vis du théâtre, & destinée à des femmes du commun, les hommes n'y entrent point.

La *Tertulia*.

C'est une autre gallerie au-dessus de la *Cazuela*. La *Cazuela* & la *Tertulia* ont des bancs qui s'élevent graduellement les uns derriere les autres. La *Tertulia* étoit autrefois la place où les Réligieux s'asseyoient pour voir représenter les *Au-*

tos Sacramentales; mais depuis qu'ils font défendus, tout le monde peut s'y mettre.

Las *Apofentos*.

C'est ainsi que se nomment les *loges*, dont il y a trois rangs. Les loges formant le premier & le second, (sauf erreur) sont appellés *Apofentos principales*, & sont supposées occupées par les gens du premier rang. Chaque loge est assez vaste pour pouvoir contenir huit ou dix personnes. Elle est louée pour une représentation, les hommes & les femmes s'y placent indifféremment.

Los *Aloferos*.

On nomme ainsi les deux loges du coin des deux côtés du théâtre, & joignant les *Gradas*. L'une des deux est destinée à *l'Alcaldé de Corte* ou l'Officier de la police qui assiste à toutes les représentations pour maintenir l'ordre: son rang est un des plus distingués, & si considérable que quand il quitte sa place il devient ordinairement membre du Conseil Royal de Castille, qui est le Conseil d'Etat.

Je n'ai pas grand chose à dire en faveur de cette disposition d'une Salle de Comédie; le coup d'œil qu'elle présente n'étant pas fort brillant. D'ailleurs les Espagnols, ainsi que les Italiens, épargnent trop les lumieres dans leur partere & dans leurs loges. Les *Aposentos principales* sont si élévées au dessus des *Gradas*, qu'il faut avoir de très bons yeux pour distinguer les traits des Dames d'aucun endroit de la salle. Il n'y a pas non plus beaucoup de plaisir à regarder les femmes qui sont dans la *Cazuela*, elles ont la tête couverte de leurs *Mantillas* qui les cache. D'ailleurs ceux qui ne sont pas accoutumés à cet usage ne sauroient voir qu'avec répugnance les bonnets de nuit que plusieurs de ceux qui sont placés dans la *Tertulia* mettent sur la tête pendant la représentation, personne n'ayant jamais le chapeau sur la tête à la Comédie.

Les spectateurs Espagnols ne font pas le moindre bruit avant le commencement de la piece, comme font les Anglois; il n'est permis ni aux vendeuses d'oranges, ni à personne d'étourdir la compagnie par leurs vilains cris. Les maris, ou les *Cortejos*, se chargent du soin de fournir aux Dames de leur compagnie les fruits, & les confitures feches, dont ils ont ordinairement une poche pleine; l'on a un domeſtique qui ſe tient en dedans ou en dehors de la loge, prêt à aller chercher des rafraichiſſemens toutes les fois qu'on en demande.

Les Dames Eſpagnoles, ainſi que les Italiennes, reçoivent des viſites dans leurs loges, & y parlent tout auſſi haut qu'elles veulent, ſans craindre qu'aucune voix indiſcrete oſe leur crier de garder le ſilence. Les Eſpagnols ſont trop polis, pour trouver jamais mauvais ce que les Dames font. Il eſt inutile de dire que chaque place a ſon prix particulier. Une petite partie des revenus de la Comédie eſt deſtinée à l'entretien de quelque maiſon de charité.

Je ſouhaiterois pouvoir joindre à ce détail peu important, celui du ſyſtême politique que l'on ſuit dans le Gouvernement de cette Monarchie: le peu de temps que j'ai paſſé en Eſpagne, & l'embarras du Carnaval à Madrid, ne m'ont pas permis de ramaſſer aſſez d'informations pour oſer entreprendre un pareil ſujet avec quelqu'eſpérance de m'en tirer honorablement. Tout ce que je peux dire, c'est que pendant le temps que j'ai séjourné dans cette ville, je n'ai entendu parler d'aucune espece de désordre ; cette tranquilité universelle ne sauroit être attribuée qu'aux excellens réglemens qui ont été faits depuis que le Roi actuel est sur le trône & particulierement depuis la révolte qui chassa l'orgueilleux *Squillace* du Royaume. Quant au Gouvernement général de la Monarchie même, des gens dignes de foi m'ont assuré que les finances sont actuellement administrées avec plus d'œconomie qu'elles ne l'ont jamais été depuis le regne de Philippe II ; que la marine, quoiqu'elle ne soit pas encore sur un pied bien formidable, n'est pas tout-à-fait négligée, & que l'armée de terre se monte à peu près à cent mille hommes bien habillés, bien payés & bien disciplinés.

Pour que cette armée soit pourvue d'habiles Officiers d'artillerie, & de bons ingénieurs, le Roi a dernierement fondé une Ecole militaire à *Ségovie*, dans laquelle on n'admet pour Gentils-hommes cadets que ceux qui ont les qualités qu'on exige & que voici.

1°. Il faut être fils de Gentil-homme.

mie, connu pour tel, fans aucun mélange de fang Maure ou Juif, & n'avoir du côté du Pere ou de la Mere aucuns parens qui exercent quelques métiers mécaniques.

2º. Il faut favoir lire & écrire.

3º. Il faut être d'une figure qui n'ait rien de choquant, & être d'un bon tempérament.

4º. Il faut avoir douze ans accomplis, & n'être pas plus âgé que quinze.

Le Livre d'ou j'ai tiré & abrégé ces articles finguliers, eft un petit Octavo fort bien imprimé, & intitulé: *Ordonnance de S. M. pour le College Royal des Cadets Gentils-hommes de Ségovie.* 1768. Il contient les réglemens de cette Inftitution rangés fous douze titres ou Chapitres; & pourra dans fon temps paffer chez les Bibliomanes pour une curiofité, n'en ayant été tiré que douze exemplaires; on m'en a fait préfent d'un.

J'ai actuellement dit tout ce que j'avois à dire de Madrid: cependant avant que je le quitte pour la feconde fois, je demande permiffion de tranfcrire de mon répertoire un petit nombre de faits, & quelques incidens peu importans qui, pris collectivement, aideront peut-être plus efficacement à se former une juste idée de la nation Espagnole, que les réflexions les plus profondes, & les dissertations les plus travaillées.

La femme d'un Banquier me dit qu'elle ne se masquoit jamais, & n'alloit point au bal. Pourquoi, lui-dis-je, Madame? *Parce que, me répondit-elle, je connois mon humeur, & ne veux pas m'exposer à oublier l'attachement que je dois à mon mari.* Qu'auroit répondu un jeune François étourdi?

Un jeune Gentilhomme me pressoit de me placer à côté de sa sœur dans son Carosse, & vouloit absolument s'asseoir sur le devant; pourquoi en agissez vous ainsi, lui dis-je? *parce que, me répondit-il, notre Religion nous enjoint d'être respectueux envers nos supérieurs; celui qui est plus instruit que moi est sans contredit mon supérieur.* Je ne m'attendois pas à une pareille réponse de la part d'un jeune homme de dix-huit ans de la premiere qualité.

Comme j'étois sur mon départ de Madrid, une Dame me demanda quelle route je comptois prendre en retournant chez moi. Je lui répondis, que je prendrois celle de la *vieille Castille & de la Biscaye*.

Passerez vous par Burgos? Oui Madame, je ferai bien aife de voir fa célebre Cathédrale. *Vous y verrez quelque chofe qui vaut encore mieux*, me dit-elle, *Et que peut-ce être, Madame? Le très-miraculeux Chrift*, me repliqua-t-elle, voulant parler d'un crucifix de bois, que l'on regarde comme opérant plus de miracles qu'aucun autre d'Efpagne.

Que faites-vous, dit-je à mon hôteffe, un jour que je venois diner. *Je recitois mon rofaire, en attendant votre arrivée*, me répondit-elle.

Un Cordonnier m'apportoit une paire de fouliers quelques jours plus tard qu'il ne m'avoit promis; comme je lui reprochois fa négligence & fa pareffe; il me répondit, très-gravement. *Je trouverai affez l'heure de mourir*: voulant me faire entendre qu'il importoit peu de quelle maniere le temps s'écouloit, puifque le diligent & le pareffeux meurent tous deux également.

Je demandai une fois à un domeftique qui regardoit attentivement un tableau, ce qu'il répréfentoit. *Saint Ildephonfe* me dit-il. *Qui étoit St. Ildephonfe? Il étoit l'aumônier de la Reine des Cieux. Lui difoit-il la meffe comme ceux du Roi*

L 6

là disent devant lui ? Qui en a jamais douté ? me repartit-il, très-sérieusement.

Une Dame, me conta, qu'un Gentilhomme Péruvien qui venoit de débarquer de son pays, vouloit absolument, étant chez elle, qu'elle acceptât une piece d'argent pour la récompenser du plaisir qu'elle lui avoit fait de chanter en sa présence, & qu'il fut si piqué de son refus, qu'il sortit de mauvaise humeur, disant à la compagnie, en s'en allant d'un ton fâché, que les Dames de *Lina* étoient tout aussi riches que celles de Madrid, que cependant elles étoient trop polies pour refuser un témoignage d'admiration.

On prétend que lorsqu'une Dame Espagnole va faire une visite de condoléance à une de ses amies qui a perdu son mari ou quelque proche parent, elle est reçue dans une chambre tendue de noir, & qui n'est éclairée que par une seule lumiere. La visitante, & celle qui est visitée en pareille occasion ne disent pas un seul mot : toutes deux essuient de moment en moment leurs yeux avec leurs mouchoirs pendant près d'une heure.

Plusieurs Auteurs & plusieurs Editeurs

en Espagne sont dans l'usage de dédier leurs livres à Dieu, à ses Anges, aux Saints, & même à celles de leurs images qui passent pour miraculeuses. Un volume des *Autos sacramentales* de *Calderon* est dédié par l'imprimeur au *Patriarche St. Jean de Dieu*; quoique ce saint n'ait jamais été patriarche, mais Libraire à *Grenade*: si l'on en croit l'Epître dédicatoire il jetta au feu dans un accès de dévotion tous les livres qui étoient dans sa boutique, à l'exception de ceux de dévotion; Ce St. Jean fut le fondateur d'un ordre qui fait une profession publique d'ignorance. Il étoit tout naturel qu'un homme qui avoit brulé ses Livres, pensât à former un pareil Institut.

Lorsque l'Edit qui enjoignoit à tous les sujets de trousser leurs chapeaux fut publié à Madrid, on n'entendit dans toute la ville que plaintes & que murmures: plusieurs étrangers rioient de cette sottise, & rient encore de ce que les Espagnols faisoient difficulté de se soumettre à une mode beaucoup plus convenable & qui seyoit mieux que leur ancien usage d'avoir les chapeaux rabatus: cependant ils auroient dû considérer combien il est naturel de haïr toute innovation fût-elle même pour le mieux. Suppofons qu'on ordonnât aux François ou à toute autre nation Européenne, portant des chapeaux trouffés, de les détrouffer, croyez-vous qu'ils obéiffent fans répugnance?

Je vais à préfent détailler la route que j'ai fuivie en revenant d'Efpagne, lors de mon fecond voyage.

ROUTE.

De *Madrid* à *Báyonne* paffant par *Burgos*, *Bilbao*, & *St. Sébaftien*.

	Nombre des lieues.
de *Madrid* à *Alcovendas*. . . .	3
d'*Alcovendas* à *fan Auguftin*. . .	3

Ici on paffe une riviere fur un pont.

de *fan Auguftin* à *la venta de Pedrezuela*.	$1\frac{1}{2}$
de *cette venta* à *Cavanillas*. . .	$1\frac{1}{2}$
de *Cavanillas* à *La Cabrera*. . .	1
de *La Cabrera* à *Lozoyuela*. . .	1

Ici une petite riviere qu'on paffe à gué.

| de *Lozoyuela* à *Buytrago*. . . . | $1\frac{1}{2}$ |
| | $12\frac{1}{2}$ lieues. |

LONDRES A GÊNES.

	Nombre des lieues.
d'autre part.	$12\frac{1}{2}$
de *Buytrago* à *Robregordo*.	$2\frac{1}{2}$
de *Robregordo* à *somosierra*.	$\frac{1}{2}$
de *Somosierra* à *La venta de Juanilla*: dernier gîte de la nouvelle Castille.	$1\frac{1}{2}$
de cette *venta* à *Cerecillo*.	1
de *Cerecillo* à *Castillejo*.	1

Ici une petite riviere guéable.

de *Castillejo* à *Bocequillas*.	$1\frac{1}{2}$
de *Bocequillas* à *fresnillo de fuente*.	$\frac{1}{2}$
de *fresnillo* à *Carabia*.	1
de *Carabia* à *Honrabia*.	2

Ici on passe une riviere sur un pont.

de *Honrabia* à *La Pardilla*.	1
de la *Pardilla* à *Milagros*.	1

Ici on passe une riviere sur pont.

de *Milegros* à *Fuentes pina*.	1
de *Fueutes pina* à *Aranda de Duero*.	1

Ici on passe une riviere sur un pont.

de *Aranda* à *Gumiel de Izan*.	2

Ici on passe une autre riviere sur un pont.

de *Gumiel* à *Bahabon*.	2
	32 lieues.

VOYAGE DE

Nombre
des lieues.

d'autre part.	32
de *Behabon* à *venta del fraile.*	1
de cette venta à *venta del Junciofo.*	1
de *La venta del Junciofo* à *Lerma.*	1

Ici on paſſe une riviere ſur un pont.

de *Lerma* à *Villarmazo.*	$\frac{1}{2}$
de *Villarmazo* à *Madrigallejo.*	$1\frac{1}{2}$
de *Madrigallejo* à *Cogollos.*	1
de *Cogollos* à *Sarrazin.*	1
de *Sarrazin* à *Burgos.*	$1\frac{1}{2}$

Ici on paſſe une riviere ſur un pont.

de *Burgos* à *Gamonal.*	$\frac{1}{2}$
de *Gamonal* à *Villa fria.*	$\frac{1}{2}$
de *Villa fria* à *Rubena.*	1
de *Rubena* à *Quintanapalla.*	1
de *Quintanapalla* au *Monaſtere de Rodillas.*	1
de ce *Monaſtere* à *ſanta Olalla.*	$\frac{1}{2}$
de *ſanta Olalla* à *Quintanavides.*	$\frac{1}{2}$
de *Quintanavides* à *Caſtil de Peones.*	$\frac{1}{2}$
de *Caſtil de Peones* à *Pradano.*	$\frac{1}{2}$
de *Pradano* à *Bribieſca.*	1
de *Bribieſca* à *venta de Cameno.*	$\frac{1}{2}$
de *venta de Cameno* à *Cubo.*	2

$50\frac{1}{2}$ lieues.

LONDRES A GÊNES. 257

Nombre
des lieues.

d'autre part. 50½
de Cubo à santa Maria. . . . -½
de santa Maria à Pancorvo. . . 1
de Pancorvo à santa Gadéa. . . 3

Ici on passe l'*Ebre* sur un pont nommé Riente de la rad.

de santa Gadéa à Berquenda. . 1
de Berquenda à la venta blanca. . -½
de venta blanca à Espejo. . . -½

Ici on passe une riviere sur un pont.

d'Espejo à la venta del monte. . -½
de la venta del Monte à Osma. . 1
d'Osma à Berberanna, qui est la derniere place de la vieille Castille. -½
de Berberanna à la venta de la penna. 1
de cette venta à Ordunna premiere ville de Biscaye. . . . 1

Près d'Ordunna ou traverse, sur un pont, la riviere de *Saracho* que beaucoup de gens nomment *riviere de Ordunna* d'après la ville où elle passe.

d'Ordunna à Amurrio. . . . 1
_____
62 lieues.

VOYAGE DE

	Nombre des lieues.
d'autre part.	62
d'*Amurrio* à *Luyando*.	1
de *Luyando* à *Lodio*.	½
de *Lodio* à *Areta*.	½
d'*Areta* à *Miravalles*.	1½
de *Miravalles* à *Arrigoriaga*.	1
d'*Arrigoriaga* à la *venta alta*.	1
de la *venta alta* à *Bilbao*.	½
de *Bilbao* à *Guadalcana*.	1½
de *Guadalacana* à *Zornoſa*.	1½
de *Zornoſa* à *Durango*.	1
de *Durango* à *Saldivar*.	2
de *Saldivar* à *Eybar*.	1
d'*Eybar* à *Eygobarre*.	1
d'*Eygobarre* à *Maudara*.	1
de *Maudarra* à *Zumaya*.	1
de *Zumaya* à *Guetarria*.	1

Ici on paſſe une riviere ſur un pont.

| de *Guetarria* à *Saraos* ou *Saras*. | 1 |
| de *Saraos* à *Orrio*. | 1 |

Ici on paſſe une autre riviere en batteau.

| d'*Orrio* à *ſan Sebaſtian*. | 1 |
| de *ſan Sebaſtian* à *Irun*. | 1½ |

83½ lieues.

	Nombre des lieues.
d'autre part.	83½
Ici on passe une riviere en batteau.	
d'*Irun* à *Orogne* premiere ville de France.	1½
d'*Orogne* à St. *Jean de Luz*.	1
de St. *Jean de Luz* à *Bridars*.	2
de *Bridars* à *Bayonne*.	2
Total des lieues de *Madrid* à *Bayonne*.	90.

Quelques détails sur cette route.

Ayant été prévenu d'avance que plusieurs endroits de cette route seroient très-pénibles, & qu'il étoit impossible que les voitures y passassent, je jugeai à propos de louer à Madrid un couple de mules, une pour moi, l'autre pour mon bagage, d'un muletier qui en conduisoit neuf autres à *Bilbao*, dont une partie étoient chargées : les autres devoient trouver leurs charges à leur rétour de *Bilbao* à *Madrid*. Le muletier, que je reconnus bientôt pour un honnête homme, franc du colier, montoit l'une des neuf, & ses deux domestiques, quelquefois montés & souvent à pied, avoient l'œil sur toute la Cavalcade; Je partis de Madrid avec ce convoi le 19 *Fevrier* 1769. *après-midi*.

Nous ne fumes que jusqu'à *Alcovendas* chétif village qui ne consiste qu'en quarante ou cinquante chaumieres: j'ai déjà fait mention de ce village dans ma LIX. Lettre. Les trois lieues qu'il y a de *Madrid* à *Alcovendas* ne présentent pas un seul morceau de terre cultivée: c'est bien le pays le plus stérile que j'aie vu en Espagne.

Quoiqu'*Alcovendas* ne soit éloigné que de trois lieues de la Capitale, cependant le *Posadero* n'avoit autre chose à nous donner pour notre soupé que du *Bacollao* (merluche.) Je m'y attendois étant alors au commencement du Careme: ma seconde mule étant peu chargée, j'aurois pu me munir de provisions de bouche, que j'aurois pu remplacer à mesure qu'elles se seroient consommées dans tous les endroits peuplés, & avoir vécu de volailles, de jambons, & d'autres bons mets matin & soir; mais outre que par là, on m'auroit évité, & que j'aurois été en horreur comme un vilain mécréant, quel droit avois-je de scandaliser quelqu'un, & de vivre splendidement à la face d'une nation, dans un temps où elle croit fermement que le maigre & l'abstinence sont absolument nécessaires au salut?

A *Alcovendas* nous rencontrâmes deux jeunes Biscayens, qui alloient ainsi que nous à *Bilbao*. Ils louerent une des neuf mules, & convinrent qu'ils la monteroient tour-à-tour. Je ne pus qu'approuver leur arrangement œconomique, & j'eus toutes les raisons du monde de me louer d'eux. L'un étoit barbier & l'autre charpentier. Chacun d'eux étoit armé d'un fusil; & il me paroit que les Biscayens ne voyagent guere sans une pareille arme; avec quelques paroles honnêtes, & leur payant tous les jours une ou deux bouteilles de vin; ils furent à mes ordres pendant tout le voyage, ainsi que le muletier, & ses deux garçons.

Mon lit à *Alcovendas* fut aussi étroit, aussi court, & aussi dur, qu'ils le sont partout en Espagne dans les *Posadas*.

Le nom de bapteme du *Posadero* étoit *Deo gratias* & celui de sa femme *Conceptionita*, qui est un diminutif de *Conception*: avez-vous jamais oui parler de pareils noms? Ils me rappellent ceux de *Kyrie* & d'*Eleyson* qui étoient le noms de deux formidables Chevaliers, dont les hauts-faits font décrits dans un ancien Livre Italien de chevalerie.

20 Fevrier.

Diné à la *venta de Prèdrezuela* & foupé à *Lozoyuela.*

Le matin en montant fur ma mule à *Alcovendas*, les cloches de deux ou trois petits villages des environs firent un grand carillon. C'étoit un fignal pour les payfans qui pouvoient les entendre, qui les avertiffoit d'aller battre les buiffons de la forêt voifine du *Pardo*, pour la raifon dont j'ai fait mention dans ma LIX Lêttre. (22)

Après avoir fait environ une lieue depuis *Alcovendas*, nous entrâmes les Bifcayens & moi dans la forêt, parce que c'étoit le plus court chemin pour gagner *fan Auguftin*, où nous devions rejoindre nos Muletiers qui étoient obligés de prendre un long detour, parce qu'il n'eft point permis de la traverfer avec des bêtes de charge. J'avois vu cette forêt huit ans auparavant, & ne fus pas fâché de la revoir. Jamais je

---

(22) Les payfans des environs de Madrid font obligés de battre les forêts & les terres, les jours qu'ils font avertis que le Roi doit chaffer.

LONDRES A GÊNES.

n'en ai traversé de plus belle. Elle est composée principalement d'*Encinas* auxquels les Anglois donnent fort à propos le nom de *Chênes verds* parce que leurs feuilles ne perdent jamais leur verdure. Il y en a des millions dans une espace de quatorze à quinze milles de circonférence, leurs glands sont plus que suffisans pour nourrir les innombrables habitans de cette vaste forêt.

Vous savez à quel point les auteurs des livres de Chevalerie se sont plû à placer constamment la scène des aventures qu'ils décrivoient dans les lieux de cette espece. Il auroit été surprenant que j'en eusse traversé une de cette étendue sans en rencontrer aucune; je m'attendois en conséquence à voir quelque belle Demoiselle sortir tout à coup de derriere une touffe d'arbres, sauter de dessus sa blanche haquenée, se jeter à mes pieds & me demander une faveur. Mais ce fut sans doute quelque brutal Nécromancien, qui, au lieu d'une belle Demoiselle, ou d'une belle Princesse, nous envoya un manant très laid, qui nous dit d'un ton fort arrogant, que les fusils de mes deux compagnons étoient confisqués, parce qu'ils avoient contre-

Tome IV.

venus à la défense, qui interdit à toute personne de paroître armée dans les forêts du Roi.

Vous imaginez bien qu'à ces paroles, mes pauvres Biscayens palirent, n'ayant rien à alléguer pour leur justification; mais comme le *Garde* alloit s'emparer de leurs fusils, je me rappellai que j'avois mon passe-port Espagnol dans ma poche; qu'il y étoit formellement exprimé, que tous les sujets de S. M. eussent à laisser passer ma personne (*consus armas*) avec mes Armes.

Qu'allez vous faire? lui criais-je du ton le plus impérieux qu'il me fut possible: *Comment osez-vous vous emparer des armes de mes gens, tandis que mon passe port vous enjoint de me laisser passer librement avec mes armes par tout où je voudrai? lisez si vous savez lire, & apprenez votre devoir.*

Par bonheur, ce Garde savoit passablement épeler, & voyant que le passeport étoit positif relativement au portd'armes pour moi, & mes domestiques; il baissa un peu de ton, & commença à parler plus doucement: pour raccourcir mon histoire, il suffira de dire qu'au moyen de quelques Réaux je le fis changer de sentiment, & qu'il renonça à l'envie l'envie qu'il avoit de nous conduire chez l'*Alcalde de San Augustin* & prit un autre chemin. Il paroit que comme dans le cas de la confiscation les fusils n'auroient point été adjugés à son profit, il préféra d'empocher quelques sous; il nous quitta d'assez bonne humeur, après nous avoir exhorté à décharger sur le champ ces armes; de peur que nous-ne rencontrassions quelqu'un de ses Camarades qui fût moins indulgent que lui. Ainsi finit notre aventure, & vous vous imaginez bien que la reconnoissance des Biscayens fut ensuite proportionnée au service que je leur avois rendu, & que le Barbier ne voulut point d'argent pour me raser pendant toute la route.

Pour tout diné, à la *venta de Pedrezuela* nous n'eumes qu'un couple de sardines par tête. Mais à *Loyozuela* où nous n'arrivâmes que lorsque la nuit fut fort avancée, outre quelques œufs durs, nous eûmes une grosse omelette à l'huile, à laquelle on ajouta une salade d'oignons cruds, que mon grand appétit me fit trouver excellente.

Depuis la *venta jusqu'à Loyozuela*, le pays devient montueux, mais il paroit beaucoup plus fertile que de *Madrid* à cette *venta*: à *Loyozuela* je dormis tout habillé sur un monceau de paille, dans une chambre si petite, si sombre & si sale, qu'elle ressembloit tout-à-fait à un Cachot.

Je ne dois pas oublier de dire qu'assez proche d'un village nommé *La Cabrera*, je vis une potence à l'un des côtés du grand chemin, où un grand couteau étoit enfoncé dans l'une des traverses; ayant demandé ce que cela signifioit; on me répondit que le seigneur de ce lieu avoit le droit de faire pendre & écarteler tout malfaiteur qui étoit convaincu d'avoir volé sur les grands chemins de son ressort. Ce droit dont jouissent plusieurs seigneurs de la haute noblesse en différens endroits des deux Castilles, se nomme *El derecho de horca y cu chillo*. (Droit de potence & de couteau.)

De Madrid à *La Cabrera* nous eumes la vue de quelques Montagnes à main gauche, dont les sommets étoient couverts de neige. *l'Escurial* est entre ces Montagnes, éloigné de treize lieues de Madrid. La neige étoit tombée cet hyver en si grande abondance autour de ce célebre palais qu'il étoit presqu'impossible de s'y rendre de la Capitale : cette raison jointe à la vie agréable que je menois à Madrid, me firent négliger de l'aller voir : j'avoue que j'en suis tout à fait honteux. Avoir fait deux fois le voyage de *Londres* à *Madrid* sans avoir vu *l'Escurial* me paroit réellement inexcusable. Mais si jamais je peux en trouver le moment, je compte le faire une troisieme fois uniquement pour le voir.

21 *Février.*

Diné à *Somosierra* & soupé à *Castillejo*.

Nous avons traversé ce matin la ville de *Buitrago*, située sur une éminence entourrée de Montagnes. Il n'y a pas encore un siecle que *Buitrago* pouvoit se vanter d'avoir un château digne de la curiosité des voyageurs. Madame d'Aunoy en fait mention dans sa *Relation du voyage d'Espagne*, & dans le stile romanesque qui lui est familier, elle fait la description de quelques tableaux qu'elle vit dans ses appartemens. Autant que j'ai pu en juger en dehors, ce pauvre château est actuellement en très mauvais état, & si l'intérieur ressemble à l'extérieur il n'en sera bientôt plus question; ce sera dommage à cause de sa belle situation: il a une très belle vue sur un pays aussi fertile que pittoresque.

De *Buitrago*, à *Somosierra* à travers une route pénible & pierreuse, nous montâmes plusieurs côteaux couverts de neige, *Somosierra* quoique village assez peu considérable donne son nom à cette longue chaine de hautes, & raboteuses Montagnes qui sépare les deux *Castilles*. A peine y pumes nous trouver quelqu'autre chose à manger que du pain & des oignons. Tandis que nous dinions, un jeune garçon s'approcha de nous, portant dans ses bras un loup mort, qu'il mit à mes pieds. ,, voyez cette bête, (me dit-il ,, d'un air triomphant,) elle ne vous ,, ra aucun mal dans votre voyage à tra- ,, vers nos Montagnes. Voyez quelle ,, dents d'yvoire! voyez quelles terribles ,, machoires & qu'elles griffes! Je l'ai ,, tuée hier au soir tout près de ma cabâ- ,, ne, elle ne mangera plus de mes che- ,, vraux, *s'il plaît à St. Antoine.*"

Je fus assez content du discours de cet homme, & je le traitai comme on devroit traiter tous ceux qui sont utiles à l'humanité, c'est-à-dire avec bonté, &

avec un air de confidération. Quoique ce loup ne fût pas de la plus grande espece, il avoit pourtant la figure affez carnaciere pour qu'on aimât mieux le voir mort qu'en vie. Nos loups des Alpes font généralement bruns ; mais celui-ci étoit couleur de blanc fale, couvert de poils courts, qui étoient droits, & hériffés fur tout le corps. Lorfque quelqu'un a le bonheur d'en tuer un; fa fortune s'en reffent un peu, parce que le corps de ville le plus prochain lui donne une certaine fomme fixée (qui fe monte fi je ne me trompe à cent reaux) outre ce qu'il tire des particuliers en le faifant voir; perfonne ne refufant de lui donner quelque chofe en récompenfe de fa bravoure.

Entre *Buitrago* & *Somofierra*, dans un endroit nommé La *puente de las Fuentes*, on trouve une côte pierreufe, ou une montée fi rapide, que ce fut tout ce que nos mules purent faire que de la grimper fans broncher. *Ce Camino de Ruedas* me parut bien fingulier; mais ce que je ne conçois pas c'eft que deux mules puiffent trainer une voiture par un pareil paffage. Je m'imagine que l'on démonte la chaife, comme l'on fait au pied du mont Cénis.

en Savoie; & que ſes différentes pieces ſont tranſportées par les payſans du voiſinage.

De *Somoſierra* à *Caſtillejo*, le chemin étoit entierement caché par la neige qui avoit près d'un pied d'épaiſſeur, & étoit tombée la nuit précédente ſur celle qui y étoit déjà. Je n'ai jamais fait trois lieues plus pénibles que celles-ci, la route paſſant à travers pluſieurs côteaux couverts par tout de groſſes pierres briſées, & détachées qui faiſoient broncher les mules à chaque pas. Il eſt heureux que les mules aient la coutume de ne tomber que ſur les génoux, & que pourvû qu'on les laiſſe faire elles ſachent ſe relever d'elles mêmes. Mes compagnons s'étant arrêtés pour boire à la *Venta de Juanilla*, je fus aſſez imprudent pour continuer ſeul ma route : je n'eus pas fait un mille que ma mule dreſſa les oreilles tout d'un coup, hennit deux ou trois fois, & avant que j'euſſe pu découvrir la cauſe de ſa frayeur, quitta le ſentier, & ſe précipita dans un petit torrent qui couloit au-deſſous, dont les bords avoient cinq ou ſix pieds de haut, & étoient tout à fait perpendiculaires : je ne conçois pas comment je pus reſter en ſelle, & comment elle tomba fur fes quatre pieds fans fe rompre les jambes. La fecouffe qu'elle me donna en tombant me fit appercevoir un chien derriere elle: ayant la tête encore remplie du loup que j'avois vu, je crus que c'en étoit un, je tirai fur le champ mon couteau de chaffe. Le foleil étoit dans tout fon éclat, le feu qui étinceloit de la lame, lui fit peur à ce que j'imagine; & me voyant aller à gué tout le long du torrent, il s'en retourna par fon premier chemin, & s'en fut courant tout droit à *Cerecillo*.

J'étois cependant toujours dans le torrent, & je ne voyois guere comment je pourrois regagner le chemin, à caufe de la hauteur & de l'efcarpement de fes bords. Je n'avois d'autre parti à prendre que d'animer ma mule & de la faire avancer à travers le torrent; c'eft ce que je fis pendant une heure entiere, cet animal ayant de l'eau jufqu'aux genoux. A la fin j'apperçus un amas de maifons à environ un demi mille en avant: je trouvai un endroit pour fortir de l'eau, & j'y arrivai précifément au même inftant que mes compagnons. C'étoit le village de *Cerecillo* où je reconnus le vilain dogue qui nous avoit épouvantés ma mule &

moi, & qui nous avoit tous deux mis en danger de nous rompre le cou, outre qu'il avoit fort inquiété mon Muletier, qui ne pouvoit concevoir ce que j'étois devenu, n'ayant plus, après trois quarts de mille de *Cerecillo*, apperçu les traces des pas de ma monture.

La route de *Cerecillo* à *Castillejo* n'étoit rien moins que bonne; mais je la voyois, & j'étois charmé d'être tout-à-fait débarrassé des neiges. Il est assez désagréable de ne pouvoir pas découvrir son chemin, sur-tout lorsqu'il est raboteux & pénible. Il est vrai qu'une mule qui y est accoutumée le suit par instinct, quelque étroit qu'il puisse être, & quelque épaisseur qu'ait la neige: cette assurance diminue seulement un peu de l'inquiétude; mais l'on voyage toujours fort désagréablement toutes les fois qu'il faut s'en remettre à la discrétion de sa monture; en général nous nous soucions peu de dépendre d'un animal quadrupede ou bipede.

J'ai vu un assez grand nombre de mauvais villages dans les différentes provinces d'Espagne que j'ai parcourues, mais *Castillejo* m'a paru le pire de tous. Le chemin qui le traverse seroit un profond marais en hiver, sans la quantité de charetées de

grosses

groffes pierres & de cailloux que l'on y a jetées. Ces pierres & ces cailloux ne font point liés enfemble, quoiqu'ils foient à deux ou trois pieds de profondeur. Penfez combien les hommes & les mules doivent marcher fûrement dans un chemin de cette efpece. J'aimois autant me trouver dans le torrent. Je defcendis à la *pofada*, tandis que le muletier fut un peu plus loin pour fe procurer une écurie, nous laiffant à moi & aux Bifcayens le foin de nous arranger comme nous pourrions. Nous trouvâmes que la *pofada* ne contenoit qu'une feule chambre outre la cuifine dont la cheminée fumoit confidérablement. Une chambre, ais-je dit? Je me trompe ce n'étoit qu'un trou fale qui renfermoit deux infâmes grabats, l'un defquels étoit occupé par un pauvre vieillard qui (à ce que j'appris depuis) mourut cette même nuit. Il me parut impoffible de fe loger dans un pareil taudis. Que ferons nous, dis-je aux honnêtes Bifcayens? Allons & voyons fi pour de l'argent & de bonnes paroles nous ne trouverons pas un meilleur gîte. Dans la rue, ou dans le chemin (nommez le comme il vous plaira) nous rencontrâmes un prêtre, qui nous apprit qu'il y avoit dans le village une vieille femme, nommée la *Tia Philippa* (la tante *Philippine*,) qui nous donneroit un bon logement, fi *l'Alcalde* le lui ordonnoit, & non autrement; perfonne n'ayant le droit de faire le tort au Pofadera de loger des étrangers; parce que les pofaderos payent une redevance pour le droit de tenir auberge, & que fi les étrangers, fous prétexte que leurs pofadas font mauvaifes, fe difpenfoient d'y aller, les pauvres malheureux feroient ruinés & mourroient de faim. En conféquence ; nous nous en fumes chez *l'Alcade*, vieux payfan de bonne mine, qui m'accorda à l'inftant ma demande, & me permit non-feulement d'aller chez la *Tia Philippa*, mais vint lui-même me montrer fa maifon, & lui donna lui-même en perfonne fes ordres, lui enjoignant qu'elle eut à me bien traiter, parce que j'étois *Hidalgo*, ajouta-t-il, & que j'avois un paffeport du Secrétaire d'État.

La bonne *Tia*, fon fils, & la femme de fon fils, nous fouhaiterent la bien venue, & nous préparerent un auffi bon foupé que le lieu où nous étions pouvoit le permettre : nous ne faurions jeûner ce foir, dis-je à la *Tia*, parce que nous n'avons prefque pas diné à *Somofierra :* ne vous embarrassez pas, me dit-elle. Je vous donnerai le meilleur soupé que vous ayez mangé de votre vie: ce soupé consistoit dans le plat ordinaire de *Feves seches* bouillies à l'huile; en *Merluche* accommodée à l'huile, en *Sardines* salées, & en une omelette à l'huile; seulement on avoit ajouté à ce repas pour le rendre plus splendide un peu *d'Escabeche*; c'est-à-dire du poisson de riviere mariné au vinaigre, quelques noisettes & des raisins secs pour le dessert.

Comme nous finissions ce repas sardanapalique, l'Alcalde entra avec le prêtre, pour savoir comment *Tia Philippa* nous avoit traité. Je vous remercie, je vous remercie, *Seigneur Alcalde*; *Tia Phelippa* est la meilleure femme de Castille. Mais je vous prie, *Seigneur Curé*, daignez vous asseoir. A votre santé à tous deux. Donnez leur le pot, bonne *Tia*. *Liquida* (23) *non frangunt*, Seigneur Curé, d'ailleurs le temps est très-froid. Le pot, quoiqu'assez grand, fut vuidé de deux ou trois fois, & nous passâmes un cou-

---

(23) *Liquida non frangunt jejunium:* on peut boire un jour de jeûne, quoiqu'il ne soit pas licite: litteralement, les liquides ne rompent point le jeûne.

ple d'heures assez gaiement. Il étoit près de minuit lorsqu'ils nous quitterent les lits de la *Tia* étoient propres, & assez mols : je passai une bonne nuit, & j'oubliai la neige, le chien & le torrent.

22 *Février.*

Diné à la *Honrubia*, & soupé à *Aranda de Duero*. Je ne vis rien d'extraordinaire dans cette journée, que le village de *Fuentes pina*, qui contient une centaine de Maisons. Il a de loin une belle apparence, à cause des dômes que plusieurs de ces bâtimens ont en guise de toits ; mais tant les toits que les murs des maisons sont de boue qu'on étend fort épaisse pour empêcher à ce que j'imagine, que la pluie venant à la détremper ne l'eût bientôt enlevée. Tout le territoire de *Fuentes pina* est presque occupé par des vignes. *Aranda* est une ville considérable, qui contient près de quatorze à quinze mille habitans. La *Duero* dont le nom la distingue d'une autre ville d'Espagne qui s'appelle aussi *Aranda* est une belle riviere, quoiqu'elle ne soit pas navigable.

Ce fut à *Aranda* que je remarquai un usage qu'ont les muletiers de toucher un pain avec la main droite en faisant le signe de la croix lorsqu'ils disent leurs graces après soupé. C'est le manque d'eau bénite qui fait qu'à sa place, ils touchent le pain. Cette coutume est commune à tous les gens du peuple en Espagne, qui ont une espece de vénération pour le pain.

Aranda a appartenu à la couronne d'Espagne depuis que ses Rois ont prononcé ces deux mauvais vers.

Aranda de Duero,
Por mi te quiero,

C'est-à-dire, *Aranda de Duero, je te desire pour moi.* Les habitans paroissent fiers d'appartenir au Roi plutôt qu'à tout autre seigneur. La posada d'*Aranda* est très-mauvaise, quoiqu'elle soit décorée du nom pompeux de *posada de la Comtesse*.

23 Fevrier.

Diné à *Venta del frayle* & soupé à *Villarmazo :* rien que des œufs à midi, & encore des œufs à soupé.

En sortant d'*Aranda*, tout le pays que nous avons parcouru pendant une lieue étoit en vignobles. Le bon marché du vin tant à *Aranda* qu'à *Fuentes piña*, est presque incroyable: dans un temps de récolte ordinaire une famille composée de six personnes dans chacun de ces endroits peut s'en pourvoir pour sa consommation d'une année, qui va à peu-près à trois tonneaux Anglois, pour la modique somme de cinquante reaux: Il y a bien des gens en Angleterre auxquels il en coute autant pour celui qu'ils boivent en une heure.

La *venta del frayle*, est une méchante maison, qui compose à peu près la sixieme partie d'un méchant hameau; qui, ainsi que son territoire, appartient à des Bénédictins. L'un de ces peres, qui est déjà d'un certain âge, habite ce hameau où il gere les affaires de sa maison, & peut sans impropriété être qualifié du titre de *Pape du lieu:* exerçant une juridiction temporelle aussi bien que spirituelle sur ses habitans; dont le nombre peut aller à quarante, en comptant les femmes & les enfans. Ce petit tiran les oblige à entendre tous les jours sa messe: à l'heure qu'il lui plait; ne leur permet pas de se confesser à d'autres qu'à lui; & ne leur a jamais fait remise d'un sol des rentes dont ils font redevables à son Couvent, depuis qu'il y réside quoiqu'il connoisse mieux que personne toute l'étendue de leur misere; Le despotisme ne sauroit aller plus loin. Il m'arriva de demander qui demeuroit avec ce bon pere. Il n'a d'autre domestique qu'un *Calentador*, répondit malignement un de ses voisins *Calentador* signifie une bassinoire, un chaufelit; titre que les plaisans Espagnols ne donnent jamais qu'à une vieille femme.

Je connois peu de morceaux de terre aussi agréables que ce petit Royaume monastique. C'est un plaine verte, de près d'un mille de circonférence, arrosée par un ruisseau dont les eaux sont très-limpides, & les bords couverts d'arbres. Ce séjour doit être délicieux en été.

Arrivant à *Lerma* vers le cinq heures de l'après midi, pour finir la journée, je jugeai à propos de faire encore une demie lieue jusqu'à *Villarmazo*, quoique je susse que ma compagnie que j'avois laissée derniere moi, se proposoit de passer la nuit à *Lerma:* on pourra trouver cette conduite ridicule; malgré cela je ne veux point la taire; ce ne fut qu'avec bien de la peine que je parvins à forcer ma mule à avancer encore jufques la. L'opiniâtre animal, accoutumé depuis longtemps à s'arrêter à *Lerma*, toutes les fois qu'il faifoit cette route, m'obligea de me fervir fans relâche de mes épérons pour l'empêcher de refter en chemin : il s'arrêtoit tout court à chaque pas, tournoit la tête du côté de *Lerma*, & héniffoit de toute fa force d'un ton fâché. Les mules auffi bien que les hommes ont leurs habitudes, qu'il eft très-difficile de changer furtout lorfqu'elles font bien invétérées.

Près de *Lerma* ville route auffi confidérable qu'*Aranda* eft un Chateau, que les voyageurs vifitent. C'eft la maifon de plaifance d'un des principaux Grands d'Efpagne dont j'ai oublié le nom. Presque toutes celles de la ville appartiennent pour la plûpart à ce même feigneur; il y en a très-peu qui foient de quelque valeur : étant prefque toutes bâties en bois, & en terre ainfi que celles *d'Aranda*. Le pays entre la *Venta del frayle & Lerma*, eft rempli de bruyeres, au travers defquelles paffe le chemin, qui eft affez mauvais même pour des mules; une voiture en hyver auroit peine à fe tirer des marais que l'on y rencontre fréquemment.

24 *Fevrier.*

Dejeuné à *Cogollos* d'un plat de *Garavanzos* bouilli à l'huile, à l'ordinaire, & foupé à *Burgos*. Capitale de la *Vieille Caſtille*.

Cette journée fut très-fatigante, quoique fort courte, à cauſe de la route éxécrable, du vent impétueux, de la pluie continuelle, & du froid glaçant qui, *Matavalos manos*, tuoit les mains; (expresſion Eſpagnole.) dont mes biſcayens ſe ſervoient: ſur les deux heures de l'après midi je me trouvai dans le miſérable village de *Sarazin*, & je fus obligé de m'y mettre à l'abri chez un payſan, pour me garantir de la pluie qui tomboit à verſe. La maiſon étoit pleine de monde, ſurtout de femmes, aſſiſes autour d'un feu, qui rempliſſoit la chambre d'une épaiſſe fumée. Je m'amuſai beaucoup à les voir ſe pincer les unes les autres par maniere de paſſe temps. Un dominicain gras, & à cheveux blancs, qui m'avoit vu paſſer devant ſon Couvent, m'aporta très-honnêtement un couple de pommes

& un morceau d'excellent pain qui vinrent fort à propos. J'envoyai chercher du vin dans une maison voisine ; je lui en fis boire plusieurs fois, ainsi qu'à toute la compagnie ; je passai deux heures chez ce paysan sans m'ennuyer, malgré la fumée qui me fit cuire les yeux. Il étoit six heures lorsque j'entrai à Burgos.

25 Fevrier.

Nous passames toute la journée à *Burgos*. Le Gallois *Udalap Rhys*, dans sa rélation *des lieux les plus remarquables, & des curiosités de l'Espagne & du Portugal*, nomme *Burgos une grande ville, & dit, qu'elle a plusieurs belles places ornées de fontaines, de plusieurs superbes Edifices & de quelques Palais*. Cependant j'aurai la hardiesse de dire, que *Burgos* est une petite ville, mal bâtie, mal propre n'ayant qu'une seule place entourée de mauvaises maisons. Sa Cathedrale, & le palais Archipiscopal sont les seuls Edifices qui méritent quelque attention. Ils sont tous deux Gothiques, tous deux assez vastes; surtout la Cathédrale, qui contient quatorze ou quinze Chapelles,

& une sacristie superbement décorée. Il faudroit un volume entier pour détailler les richesses que quelques unes de ces Chapelles renferment. Il y a au milieu de cette Eglise un sanctuaire séparé, & fermé, dans le même goût que celui de la St. *Chapelle de Lorette*, qui a été bâti longtemps après l'Eglise; ainsi qu'il est facile de s'en appercevoir par le stile de son Architecture, qui est de l'ordre Corinthien. Ce Sanctuaire renferme un crucifix miraculeux, ou un *Christo* ainsi qu'ils l'appellent dans ce pays: il n'est pourtant par tout-à-fait aussi miraculeux qu'un autre qui se trouve dans l'Eglise des Augustins. Dans celle des Trinitaires il y en a un troisième, qui est pareillement miraculeux.

Il y a au dehors de la ville quelques promenades publiques très-agréables: la vue en étant tout-à-fait pittoresque, embellie par la rapide & bruyante riviere d'*Arlanzon*, que l'on passe sur un beau pont de pierre.

Un François industrieux venoit depuis peu d'établir un Caffé, & un Billard à *Burgos*. La nouveauté de cette invention y attiroit beaucoup de monde; & tous les jeunes gens oisifs de la ville y paſſoient en quelque façon leur vie. Pour éviter les fréquentes diſputes qui s'élevoient au commencement entre eux & le François, le Gouverneur qui protege ce nouvel établiſſement, a publié depuis peu une ordonnance, que je trouve à propos de traduire pour ſa ſingularité.

Tarif des prix auxquels les différents rafraichiſſemens du Caffé françois doivent être vendus, ainſi que ce qu'on doit payer pour chaque partie de billard; tel qu'il a été arrêté par le Gouvernement.

Une taſſe de Caffé de Moca, avec le ſucre que chacun voudra; quoiqu'avec du lait. . . . . 1 Réal.
Une taſſe de thé avec ou ſans lait. 1
Une taſſe de bon Chocolât, avec ou ſans lait, avec une portion honnête de pain grillé. . 1
Un verre de ſirop de Capillaire, avec ou ſans lait. . . . 1 - 17
Un verre de liqueur françoiſe. . 1
Chaque bouteille de vin étranger ſera payée proportionnellement à ſa qualité.
Une livre de confitures françoiſes. 12

Une plaque de Chocolât. . . 24
Une dite doublé. . . . . . 1 - 14
Un jeu de cartes neuves pour
 jouer à des jeux permis de nuit
 & avec des lumieres. . . 4
Un vieux jeu, mais propre. . 3
Un jeu neuf de jour. . . . 3
Un vieux jeu. . . . . . . 2 - 17

Toute personne qui cassera une tasse, un verre ou toute autre ustencile en payera la juste valeur: on jouera jusqu'à dix heures du soir; la police défendant de jouer plus tard.

 Le Lecteur s'appercevra, que par une négligence inconcevable le prix que l'on doit payer pour chaque partie de billard, a été absolument oublié, quoiqu'annoncé dans le préambule de ce tarif.
 Il y a trois à quatre Posada à Burgos, dont deux passent pour très bonnes, à la maniere du pays. Je fus assez bien logé, & passablement traité pour la table dans celle où je m'arrêtai: on l'appelle. *La Posada del Marques*. Mais l'hotesse est l'une des vieilles femmes la plus détestable de l'Espagne. Elle battoit plu-

sieurs fois par jour ses pauvres petits enfans pour des bagatelles, elle grondoit & maudissoit tout ce qui l'approchoit, & tout ce qui lui déplaisoit; même pendant le temps qu'elle marmottoit ses prieres & disoit son Chapelet. Elle me demanda dans un de ses intervalles de bonne humeur où j'allois. En Angleterre, lui répondis-je, En *Angleterre, dit elle, mauvais pays. Comment savez-vous cela Sennora? Je sais,* répliqua-t-elle, *que les habitans sont de méchans hérétiques, qui mériteroient tous d'être noyés.* Eh pourquoi? *Pour que la race s'en perdît,* me repliqua cette méchante & laide furie. Une de ses servantes, jeune & qui avoit à peine atteint sa vingtieme année, étoit du nombre de celles qu'on appelle *Beata*; c'est-à-dire une jeune fille qui a fait vœu de ne jamais porter de robe, qui ne soit d'étoffe grossiere de laine, couleur de cendre. Ce vœu à ce que je m'imagine n'étoit point un obstacle à ses galanteries plus qu'ordinaires.

Les moines mendiants, & mêmes quelques uns de ceux qui ne mendient point, ont coutume dans différents endroits d'Espagne, & surtout à *Burgos*, d'attendre aux Posadas l'arrivée des étrangers afin de les mettre à contribution, ce qu'il effectuent en leur demandant des aumônes au nom d'un crucifix, d'une vierge, ou de quelque faint, dont ils tirent l'image de deffous leurs robes.

Quelques pofaderos, qui ont fouvent eu occafion de s'appercevoir combien la généralité des voyageurs déteftent ces fortes de vifites, ne permettent point à ces moines importuns de mettre le pied chez eux; & les obligent de refter dehors, leurs donnant feulement la liberté d'envoyer leurs images, qu'on leur renvoie fouvent avec un fimple compliment. Un voyageur, en pareil cas, eft moins gêné, que lorfqu'il parle au mendiant dont la profeffion, & l'habit lui en impofent, & ne lui permettent pas de le congédier fans lui donner quelque chofe: pour moi, je n'ai jamais trouvé mauvais qu'on les laiffât me parler: leurs contes, de fievres, de migraines & d'autres maladies miraculeufement gueries par leurs images me paroiffoient bien valoir un *réal*: fi l'on ajoutoit foi à tout ce qu'ils difent, il n'y auroit pas une feule de leurs images qui n'opérât un nombre incroyable de *miracles prodigieux*: cependant je demande à un Efpagnol s'il a jamais vu de miracle; il y a cent à parier contre un qu'il vous répondra que non; mais son imagination l'emporte aisément; & il ne laisse pas d'être persuadé que chaque image est miraculeuse: son esprit ayant été bercé de cette idée depuis le moment de sa naissance. Malgré cela, je ne saurois m'empêcher de croire, que tôt ou tard, les moines, à la fin, à force d'abuser de la confiance, du peuple & de sa crédulité finiront par perdre tout leur crédit, & que ce qui est déjà arrivé dans plusieurs pays, arrivera aussi en Espagne, si l'on ne prend pas des mesures efficaces pour réprimer leur hardiesse à abuser de la sottise du vulgaire. Je sais qu'on le retient longtemps dans les fers de la superstition: mais si on lui donne le temps de réfléchir, il ne tarde pas à les briser, & les oppresseurs sont perdus sans ressource; c'est précisément ce qui est arrivé aux moines dans ces régions dont ils traitent les peuples d'hérétiques. Quelle que soit la sujétion dans laquelle ils retiennent les gens de la derniere classe, un de ces ordres a reconnu depuis peu par une triste expérience, que ceux de la premiere ne vouloient plus être leurs dupes, & parmi

la

la populace même ; j'en ai souvent vu de mes propres yeux, qui regardoient peu respectueusement la *peau du Crododille* remplie de paille, que les Augustins conservent dans leur Eglise de *Burgos*. L'animal auquel elle appartenoit vomit, à ce que l'on dit, à l'intercession d'un de leurs saints, un homme vivant, après l'avoir gardé je ne sais combien de jours dans son ventre.

26 *Fevrier*.

Je partis de *Burgos* à onze heures du matin, j'arrivai à *Quentanapalla* à deux ; j'y mangeai pour mon diné des porreaux cruds, & du sel ; mais j'eus un bon soupé à *Castil de Péones*, chez mon muletier qui y fait sa résidence : ses deux filles grandes & jolies, prévenues d'avance que leur pere ameneroit un Gentilhomme avec lui, nous régalerent de leur mieux : le repas consistoit en poisson frais d'eau douce, en une omelette au beurre, les ayant prié de ne point y mettre d'huile, quelques *escabeches* qu'elles avoient mariné elle même, & autres mets. Il n'est point d'usage en Espagne, (autant que j'ai pu m'en appercevoir) que les filles du peuple se mettent à table avec leurs peres & leurs freres. J'insistai cependant pour qu'elles nous fissent compagnie; ce qu'elles ne m'accorderent qu'après les en avoir fort pressées; de cette maniere nous passâmes une charmante soirée, L'honnêteté & la décence des femmes du dernier ordre en Espagne m'ont souvent étonné: la meilleure partie paroissent avoir sucé la politesse & la douceur en naissant, les filles de mon muletier soutinrent la conversation pendant le soupé avec une gentillesse & une modestie capables de captiver un sauvage même. Si je les avois rencontrées dans une maison quelle qu'elle fut à Madrid: je ne me serois point apperçu à leurs manieres que ce fussent des paysannes. L'habillement des femmes depuis *Quintanavides* jusqu'à *Berberanna*, qui est la derniere ville de la *vieille Castille* du côté de la *Biscaye*, est encore l'ancien habit Espagnol, & consiste en une robe, ordinairement brune, qui est juste au cou, & aux poignets, tailladée en différens endroits des manches depuis l'épaule jusqu'au coude; & en une large ceinture bouclée autour du corps. Cet habillement me paroit très-convenable, & sied très-bien à une taille avantageuse. Elles tressent leurs longs cheveux, & les laissent pendre derriere le dos, & se couvrent la tête d'une *montera*, un bonnet de feutre noir, qui donne aux jeunes un air tout-à-fait résolu. Il s'en manquoit de beaucoup que la maison du Muletier eût rien de bien élégant; mais je ne m'apperçus pas qu'il y manquât aucune des choses nécessaires au ménage d'un paysan aisé. La cuisine étoit bien fournie de pots de cuivre, d'assiettes d'étain, & de plats de terre: son linge de table, quoique grossier, étoit propre; ses lits & leurs couvertures, étoient d'une grandeur convenable, ce qui n'est pas ordinaire dans les Posadas. Il avoit même deux cueilleres d'argent qu'il fit mettre sur la table, en me disant avec une satisfaction bien douce pour un Pere, qu'elles appartenoient à ses filles, qui les avoient gagnées par leur travail. Le Chirurgien du lieu, qui est une espece entre le bourgeois & le paysan, fort honnête, soupa avec nous, & contribua à augmenter la gaieté de la compagnie, en chantant quelques airs qu'il accompagna de sa guitarre. J'appris de lui, que dans la plus grande partie des villages *de la vieille Castille*, la premiere personne étoit le *Curé*, la seconde *l'Alcalde*, & la troisieme le *Chirurgien*. Les revenus de ce dernier consistent en un boisseau (*fanega* en Espagnol) de froment, que lui donnent chaque maître de maison ; qui joints ensemble se montent à *Castil de Péones* à peu près à quatre reaux par jour. Pour ce salaire, le Chirurgien est obligé de razer tous ceux qui ont de la barbe, de saigner & ventouser tous ceux qui en ont besoin ; & dans les cas un peu graves de faire les fonctions de Médecin : ses ordonnances se bornent ordinairement à prescrire un grand régime, de l'eau chaude, & de parfumer le lit avec du romarin. L'*Alcalde*, ou Maire, est choisi par la Communauté dans le nombre des habitans les plus aisés, sa charge ne dure qu'une année. La Cure de *Castil de Péones* ne rapporte pas moins de six mille *réaux*, ce qui fait environ seize cents livres monnoie de France : somme exhorbitante pour ce Canton. Je demandai quelle espece d'homme c'étoit que leur Curé ; on me répondit d'une maniere fort honnête sur son compte, & que tout ce qu'il pouvoit épargner de ses revenus étoit distribué à ses pauvres paroissiens. *Grace à Dieu*, me dit le Chirurgien, *Notre bon Curé est assez savant, & possede plus de cent volumes.*

27 Février.

Diné à *Pancorvo* & soupé à *Amejugo*. Il y a deux routes de *Castil de Péones* à *Pancorvo*, l'une *de roues* qui passe par la ville de *Bribiesca*, l'autre *de monture* qui traverse une bruyere stérile d'environ trois lieues de longueur : ce dernier chemin est plus long d'une heure que le premier ; cependant ce fut celui que nous prîmes, le premier ayant été abîmé par la pluie, & n'espérant pas pouvoir nous tirer des bourbiers. tout près de *Castil de Péones* nous montâmes un côteau très-pénible, & traversâmes la bruyere. L'un des Biscayens & moi nous nous en fumes au trot jusqu'à *Pancorvo* où nous arrivâmes sur les trois heures l'après midi, après avoir fait sept bonnes lieues ; les trois dernieres étoient si mauvaises que nos mules avoient souvent de la boue jusqu'aux sangles.

A *Pancorvo*, une posadera très-civile nous donna un assez bon dîné : vous favez, ou vous devez favoir à préfent ce que j'entends par un bon diné: Elle fit ce qu'elle put pour nous engager à paffer la nuit chez elle; j'y étois très-difpofé, étant fatigué de ma longue courfe; mais notre compagnie nous ayant joints, le muletier voulut que nous pouffaffions jufqu'à *Berguenda*, qui étoit à quatre lieues plus loin. Je le refufai abfolument étant trop fatigué pour cela. Après un moment d'altercation, nous convinmes que nous coucherions à *Ameyugo*, qui n'eft qu'à une lieue & demie de *Pancorvo*: cet *Ameyugo* eft à environ une demie lieue du grand chemin; de forte que cela ne nous avançoit que d'une lieue. On le traverfe, lorfqu'on fe propofe de paffer les Pirenées entre *Vittoria* & *Bayonne*; alors on va de *Ameyugo* à *Miranda de Ebro*, de *Miranda* à la *Puebla*, de la *Puebla* à *Vittoria*, & ainfi à *Bayonne* par la route que l'on trouve notée ci-devant.

Nous mîmes près de trois heures à aller de *Pancorvo* à *Ameyugo*, une partie de la route étant couverte d'une couche de cailloux épaiffe d'environ deux pieds, & que l'on avoit jetés au hafard pour la rendre pratiquable en hiver à travers plusieurs fondrieres. Ces cailloux étant mobiles font qu'il est impossible aux mules de marcher dessus d'un pas assuré, leurs mouvemens irréguliers fatiguent ceux qui n'y sont point accoutumés beaucoup plus qu'on ne sauroit s'imaginer.

Tout près d'Ameyugo; nous trouvâmes que le grand chemin traversoit une vallée composée de *ricos* & de *pennas*, ainsi que les Espagnols les nomment: c'est à dire de grosses pierres, & de rochers d'une énorme grandeur, dont quelques uns étoient aussi hauts que les plus hautes tours. Ils se présentoient avec une sorte de majesté effrayante des deux côtés du chemin pendant une démie lieue: ces pierres paroissent suspendues au dessus de la tête des voyageurs, comme si elles étoient prêtes à tomber. S'il arrivoit qu'elles vinssent à se briser, & à rouler, ce ne seroit qu'à force de bras, que l'on pourroit parvenir à les enlever, & à réparer le mal qu'elles auroient fait au chemin.

Nous arrivâmes à *Ameyugo* deux heures après le coucher du soleil, à moitié morts de froid; mais nous trouvâmes un si bon feu à la Posada, qu'il nous rendit bientôt l'usage de nos membres: on rencontre parmi les *ricos* & les *peunas* du voisinage des boçages assez considérables de sapins qui fournissent abondamment aux habitans leur bois de chauffage: le feu de ce bois de sapin rend une odeur un peu forte, qui n'est cependant pas désagréable. Je fis mon soupé à *Ameyugo* d'une couple de pommes cuites, & étant très-fatigué, je fus me coucher dans une chambre qui n'avoit pas même des volets aux fenêtres; cependant m'étant mis un monceau de couvertures, je dormis très-bien, & sans me reveiller jusqu'à six heures du matin.

28 Fevrier.

Diné à *Espejo* & soupé à *Ordunna.* Je n'ai jamais été aussi fatigué dans tous mes voyages, que je l'ai été de cette journée: je fus seize heures sur mon mulet, quoique nous ne fissions que dix lieues. L'aspect du pays depuis *Ameyugo* jusqu'à *Espejo* paroit délicieux; la vue même des environs d'*Osma* ne me déplut pas; le chemin jusques là étoit assez praticable. Mais depuis *Osma* jusqu'à *Berberanna* il passe au travers un terrein que l'on pourroit assez propement nommer, *le sommet d'un roc montueux taillé uni & en travers*. Je ne concevois pas comment les mules pouvoient se tenir sur leurs pieds dans une descente si rapide, dont le terrein étoit si dur. Cependant ce danger, & cette peine n'étoient rien en comparaison du chemin que nous trouvâmes de *Berberenna* à la *venta de la Penna*, c'est-à-dire à un Cabaret qui est entierement isolé, & situé au sommet de la plus haute *Penna*, ou montagne, qui sépare *la vieille Castille* de la *Biscaye*. Entre *Berberenna* & cette *venta* se trouve la pente d'une montagne, suivie d'une plaine si inégale, que je ne sais comment m'y prendre pour la décrire. Le terrain y est si tendre, qu'il cede, & s'enfonce sous les pieds des mules: lorsqu'il y en a quelques unes qui se suivent, & marchent les unes après les autres sur la même ligne, elles forment une trace profonde, mais si étroite qu'il est presque impossible que celles qui viennent à y passer quelque temps après puissent s'y maintenir. Cette qualité particuliere de ce terrain oblige les muletiers à chercher des endroits où l'on n'ait pas encore marché; leur méthode de varier continuellement leur direction en descendant cette pente de montagne & en traversant la plaine; les a remplis l'un & l'autre d'une infinité de sentiers, qui se croisent en différens sens & forment des bigarrures étonnantes.

J'étois on ne peut pas plus surpris de voir pendant une lieue, les mules s'arrêter tout court de temps en temps; examinant comment elles pourroient avancer, & tachant d'éviter le grand nombre de passages difficiles, où elles craignoient de broncher tout le long de ce terrain trompeur. Si *Descartes* avoit jamais fait cette route: il auroit été promptement convaincu qu'une mule, lorsqu'elle est mise à l'épreuve, a tout autant d'esprit qu'un Philosophe ; qu'elle connoit le danger, & prend des précautions pour l'éviter. La mienne ne pouvoit s'empêcher par intervalle de s'agenouiler ainsi que ses compagnes; mais le muletier m'ayant prévenu d'avance de ne point toucher la bride lorsque cela lui arriveroit; & de la laisser en liberté; je me conformai exactement à cet avertissement; si j'avois fait autrement je l'aurois jetée sur le côté; & il nous en seroit arrivé malheur à tous deux. Je dois cependant dire que la grosse pluie, qui étoit tombée quelques jours auparavant, avoit rendu le chemin beaucoup plus mauvais que nous ne l'aurions trouvé après quelques jours de beau temps.

Il étoit près de dix heures du soir lorsque nous arrivâmes à la *venta*, ou nous espérions après notre fatigue du jour trouver quelque repos: mais le malheur voulut qu'il n'y eût ni chambre pour nous, ni place à mettre nos mules, parce qu'une nombreuse bande de muletiers s'en étoient mis en possession avant nous: de sorte que nous fûmes obligés de faire encore trois lieues pour gagner *Ordunna*, n'y ayant point d'endroit entre deux où nous pussions loger.

La route depuis la *Venta* jusqu'à *Ordunna* commence par un passage qui a environ dix pieds de large, & deux cents de long, qui est taillé à travers un rocher, & que l'on suppose être l'ouvrage des Romains. Les côtés de ce passage ont environ trente pieds de haut; autant qu'il me fut possible d'en juger dans l'obscurité; & il me parut tout-à-fait perpendiculaire. A la sortie de ce passage, on trouve le commencement d'une descente qui est beaucoup plus rapide qu'aucune de celles du *Mont Cénis*, ou d'aucune Montagne que j'eusse traversée jusqu'alors. Nous la fimes en suivant un sentier fait en zigzag; au commencement ils étoient fort courts; & le sentier étroit passoit si près des bords d'un précipice, que malheur à nous si nos mules s'en étoient écartées d'un seul pas. Rien de si horrible; la neige dont le haut de la Montagne étoit couvert augmentoit encore le péril, & rendoit le chemin plus glissant; quoique d'un autre côté elle nous donnât un peu de lumiere. Cependant à mesure que nous avancions, les tournans étoient moins fréquens; le chemin s'élargissoit par degré, & la terre étoit moins couverte de neige; de sorte qu'après la premiere demie lieue, il n'y avoit plus de danger à redouter, n'y de précipice à éviter: au bout de quatre heures de marche nous nous trouvâmes pendant une autre heure dans une plaine pierreuse, & arrivâmes heureusement à *Ordunna* sur les trois heures du matin.

Il est inutile de dire, que j'étois à moitié mort de fatigue & de froid lorsque nous arrivâmes à la Posada: j'aurois été hors d'état de descendre de la mule si l'on ne m'avoit aidé; je ne manquai heureusement pas de secours, grace aux bonnes gens de la maison, qui firent leur possible pour me faire recouvrer ainsi qu'à mes compagnons l'usage de mes membres: par mes compagnons j'entends les *Biscayens*: pour les muletiers ils s'étoient réchauffés en marchant pendant tout le chemin à nos côtés, conduisant les mules par la bride; il étoient d'ailleurs robustes, accoutumés dès leur plus tendre enfance à supporter les plus grandes fatigues, & à voyager par toutes sortes de temps.

La posada *d'Ordunna* étoit par bonheur une des meilleures que j'eusse rencontrées en Espagne, & l'on m'y donna un lit passable, qui étoit ce dont j'avois le plus de besoin. Je me trouvai pourtant le lendemain matin encore si fatigué lorsque le muletier vint me demander mes ordres pour le départ, que je pouvois à peine me remuer. En conséquence je le congédiai sur le champ, ne voulant point le retarder; & je pris la résolution subite de séjourner deux ou trois jours à *Ordunna*, dans le dessein non seulement de m'y reposer; mais encore de voir si je ne pourrois pas m'y procurer quelques instructions importantes, rélativement au langage, à la littérature, & aux antiquités de la Biscaye, dont *Ordunna* est censée la Capitale.

Le muletier, ses gens, & mon ami le Barbier prirent ici congé de moi: mais le Charpentier me témoigna vouloir rester pour me servir d'interprete: j'acceptai son offre avec reconnoissance.

J'ai déjà fait part au lecteur dans mes précédentes lettres, du peu de lumieres que j'ai pu me procurer à *Ordunna*, & dans quelques autres endroits, sur la langue des Basques. J'ai pareillement fait quelques observations sur la nature du pays; & dit quelque chose des mœurs & des usages de ses habitans: le compte que j'ai rendu de la Biscaye, & des autres provinces Espagnoles que j'ai visitées, est bien éloigné du degré de perfection que l'on pourroit souhaiter, & que j'aurois voulu lui donner; j'ai fait ce que j'ai pu: celui qui donne ce qu'il peut, donne beaucoup. Quelqu'autre voyageur, mieux fourni d'argent, de génie, & plus actif que moi, pourra peut-être entreprendre le même voyage, & rendre ma rélation inutile par la publication d'une nouvelle plus détaillée, & plus méthodique. Quant à moi tout ce qui me reste à ajouter, c'est que dans peu d'années la route de *Bilbao* à *Madrid* sera beaucoup plus facile, & plus agréable que je ne l'ai trouvée : les Biscayens étant actuellement occupés à en tracer une superbe, qui ira de *Bilbao* à *Orma* sans traverser l'horrible *Penna d'Ordunna*, & le territoire tout aussi dangereux de *Berberanna*.

F I N.

ERRATA.

Pour le Voyage de Londres à Gênes.

TOME QUATRIEME.

Page 9. ligne pénultieme. d'Alavan, *lisez* d'Alava.

— 15. ... 22. nomme premier, *lisez* nomme le premier.

— 45. ... 2. car avons fait, *lisez* car nous avons fait.

— 48. ... 10. auſſi longtemps, *lisez* aſſez longtemps.

— 81. ... 13. doivent charmans, *lisez* être charmans.

— 87. ... 17. que le ſeigneur, *lisez* que ce Seigneur.

— 142. ... 9. Plantées *lisez* plantée.

— 242. ... 7. *hurleſca*, lisez *burleſca*.

ERRATA.

Page 266. ligne 20. *y eu chillo*, lisez *y cuchillo*.

—— 275. pénultieme. de deux *ôtez* de.

—— 279. . . . 7. qu'un Calentador, *lisez* qu'une.

—— 280. . . . 15. ville route, *lisez* toute.

—— 289. . . . 3. Crododille, *lisez* crocodille.

www.ingramcontent.com/pod-product-compliance
Lightning Source LLC
Chambersburg PA
CBHW071346150426
43191CB00007B/867